栄光のバックホーム

横田慎太郎、永遠の背番号24

中井由梨子

幻冬舎

栄光のバックホーム

横田慎太郎、永遠の背番号24

この本は、横田慎太郎さんの母、横田まなみさんに筆者が成り代わり、ご本人から伺った数々のエピソードを元に、慎太郎さんの物語を綴ったノンフィクションストーリーです。

目次

瞬く満天の星に帰っていくことができるなら
なぜあなたを引き止めようか
この世の苦しみから逃れられるなら
なぜこの別れを悲しもうか
あなたが遺した地上の星が
これから先も光り輝き　多くの道を照らすように
この涙を君に捧ぐ

プロローグ　甲子園の空

満天の星でした。

「お母さん」

ふいに声がしました。

悲しみと疲れで動けなかった私《わたくし》は、空耳かと思い、目を開きませんでした。

真夜中のことでした。息子が生涯を終えた神戸の葬儀場で、私は、息子の棺《ひつぎ》に寄りかかるようにに座っていました。明日の早朝、故郷の鹿児島に帰るための飛行機の便を手配し終え、眠る気力すら残っていないと思われるほどに疲れ果てていました。ただじっと目を閉じたまま、体を棺に預けていました。

「お母さん」

もう一度、はっきりと呼ぶ声がしました。

私は重い瞼《まぶた》を上げました。

息子が、棺の上に座っていました。

「え?」

瞼を押し開いて、よくよく見ました。やはり本当に、棺の中に眠っているはずの息子が、暗闇の中、棺の上に座って、こちらを見ていました。

「お母さん、ちょっと行ってくるね」

彼は、はっきりと言いました。

「どこに?」

事態をよく飲み込めないままに聞き返していました。夫も娘も眠っていて、辺りには誰もいません。暗がりに目が慣れてくると、息子の姿はますますはっきりと輪郭を露わにしていきました。

「甲子園」

息子は立ち上がりました。その声は、明るく弾んでいました。

「甲子園?」

「うん、ちょっと、行ってくる」

立ち上がった彼の姿を私は目を凝らして見つめました。

息子は野球のユニフォームを着ていました。しかしそれは、プロ野球選手としてプレーした阪神タイガースのタテジマではありません。

母校の鹿児島実業高校野球部のものです。

よく見ると、頭も丸坊主でした。

「じゃあね」

「慎太郎！」

息子は振り返らず、扉を開けて出ていきました。

泥だらけのユニフォーム。

使い込んだスパイク。

マウンドに立った時の、凛《りん》とした背中。

息子はあの頃の、高校生の姿のまま、どこへともなく消えてしまいました。


「待って、慎太郎！」


夢中で扉を開けました。

追いかけなきゃ。また失ってしまう。

扉を開けると、景色はぐにゃぐにゃと曲がっていました。待って、待って。追いかけたいのに、足は重く絡まって上手く前に進みません。

甲子園。

その言葉だけが、頭に響きます。お母さんも一緒に行くよ、だから待って！

次の瞬間、急に視界が開けました。

視界が真っ白になり、眩《まぶ》しい光に目を開けることができませんでした。気がつくと、私は球場の入口に立っていました。

「……？」

見覚えがあります。阪神甲子園球場。阪神タイガースの本拠地であり、日本の高校球児たちの聖地。そのスタジアムの正面入口に私は立っていたのです。

辺りには誰もいません。

見上げると、満天の星です。

「慎太郎！」

呼んでも返事がありません。

どうやったら中に入れるのだろう？　私は開いている扉を探して球場の周囲を歩きました。どの扉も固く閉ざされています。

「慎太郎！」

返事はありません。

「慎太郎、お母さんも中に入れてよ」

途方に暮れて歩いていると、細く光の筋が出ている一角を見つけました。駆け寄ると、そこは正面のちょうど真裏に位置する関係者専用の入口でした。

その扉がうっすらと開き、光が漏れています。私は迷わず駆け寄り、ドアに手をかけました。と、手が触れた瞬間にドアは消滅し、次に気がついた時にはグラウンドの中、ちょうどホームベースの後ろに立っていました。

「お母さん！」


正面から息子の声が響きました。

「投げるから、どいて。危ないよ！」

よく見ると、息子はマウンドに立っています。鹿児島実業高校の帽子を目深に被り、愛用のグローブを右手にはめ、左手にボールを握っていました。

「何してるの!?」

「いいから、どいて！」

息子は笑って、ボールをグローブにパンパン、と打ちつけたので、私は慌ててベンチのほうへと逃げました。息子はスッと背筋を正すとバッターボックスを見つめ、構えました。

ああ、この姿。好きだったな。

高校生の頃、彼はピッチャーとバッターの二刀流で、チームの期待を一身に背負い闘っていた。高校3年の最後の夏も。そして、生涯最後のプレーも。

ヒュン！

息子の投げた白球がまっすぐに打席に向かいました。そのままボールは空気中に吸い込まれるように消えました。

「ストライク！」

私が思わず叫ぶと、慎太郎は私に向かって親指を立てて笑いました。

「お母さん、次、投げて」

息子が駆け寄ってきました。手には、新聞紙を丸めたボールを握っています。小さい頃、よく息子は私を相手に、この新聞紙ボールで布団に向かって打ち返すというバッティング練習をしていたものでした。

「何よ、このボールじゃ届かないわよ」

私が笑うと、

「だってお母さん、これしか投げられないでしょ」

と皮肉たっぷりに言い返します。

高校生の姿をした息子は、よく日に焼けた、ちょっとあどけない笑顔をしていました。長い闘病生活での白く透き通った肌に見慣れていた私は、その顔を眩しく見つめました。

そうだった、慎太郎はこんな顔をしていたんだ。

はにかむようなこの笑顔が、私は好きだったのだ。

「大丈夫。届くから、投げて！」

息子はいつの間にかバットを握り、バッターボックスに立っています。

「よーし、分かった」

私は腕まくりをすると、マウンドに向かいました。

満天の星でした。

「いつでも！」

マウンドに上がって振り返り、バッターボックスに立った息子を見て、私はハッとしました。息子の着ているユニフォームは、阪神タイガースのタテジマに変わっていました。頭はツンツンに立てた短髪で、体も大きく太くなっています。

「ヘルメットは？」

「新聞紙だからいらないでしょ。いいから早く投げて！」

息子は筋肉の盛り上がった腕で、ブン！　といい音を立ててバットを振りました。プロ野球選手になるという夢を叶え、開幕戦のスタメンとして打席に立った時の、あのたくましい姿でした。


背番号、24。


「いくよ……！」

私はボールを握りしめると、思いっきり、息子に向かって投げました。

新聞紙のボールはまっすぐに息子に向かって飛んでいきました。慎太郎はぐっと体を引くと、ボールに向かって勢いよくバットを振りました。

カキーン！


「あ！」

新聞紙のボールはその瞬間、白球に変わり、私のはるか頭上を越えました。

「良い当たり！　大きい、大きい！」

息子は自分で実況をしながら一塁を蹴ります。

白球はみるみるうちに外野スタンドへと吸い込まれていきました。

「入ったーーー、ホームラン！」

二塁を蹴り、三塁を回って息子はガッツポーズしました。

「凄い、ホームラン、ホームラン！」

私はマウンドで飛び上がりました。

息子は腕を高く天に突き上げながらホームベースを踏みました。


満天の星でした。

「お母さん」

振り返ると、サングラスをかけた慎太郎が、遠く外野の中央に立ってこちらに手を上げていました。

「バックホーム、できるかな」

彼が立っていた位置は、センター。彼が奇跡を起こした場所。

「やってみせてよ！」

「じゃあ、お母さん、キャッチャーやって」

「いいよ」

息子は再び、グローブと白球を手にしているようでした。私はバッターボックスへ向かいました。キャッチャーミットもなんにも持っていませんでしたが、受け止める自信がありました。

「来い！」

私は両手を上げて、遠くセンターに立つ息子に叫びました。

「ここだよ、ここ！」

そう、ここだよ。この両手に。

慎太郎、戻っておいで！

「いくよ、お母さん！」

慎太郎が構えました。大きく足を踏み出し、体をしならせて、私に向かってまっすぐに。

「バックホーム！」

はっと目が覚めました。

飛行機の機内で、私は深い眠りに落ちていたようでした。隣を見ると、娘の真子《まこ》が窓枠に頭を預けて眠っています。反対側の隣を見ると、夫の真之《まさし》が俯《うつむ》いた姿勢で目を閉じています。

窓の外の景色は、どこまでも続く青空。白い雲が流れています。

腕時計を見ると午前10時12分を指していました。伊丹空港を離陸してから40分ほど。あと30分もすれば鹿児島空港に到着します。

昨日の早朝に息子が逝《い》ってから、怒濤《どとう》の引き揚げをなんとか遺された家族3人で乗り越えました。息子が最期までお世話になった阪神タイガース球団、大先輩の川藤さん、現役引退後の息子を支援してくださり、神戸での最後の日々を見届けてくださったA社長。多くの方々が、私たちを助けてくださいました。大阪の葬儀社の手配により、息子の体は私たちよりも早く、早朝の便で鹿児島に到着しているはずです。到着したら、今度は地元の葬儀社と連携を取り、通夜と葬儀の準備をせねば。お世話になった方々にも順次連絡して……。

私は大きく溜息をつき、背中を座席のシートに押し付け、天井を見上げました。あまりに多くのことがありすぎたせいか、離陸してすぐに眠ってしまったようでした。

夢、だったのか。

今、見たばかりの夢を何度も頭に思い返しました。とてもリアルな夢で、まだはっきりと光景が目に焼き付いています。

慎太郎、鹿児島に帰る前に、甲子園に行きたかったんだね。

そりゃ、そうか。

あんなに帰りたがっていたのだもの。甲子園でもう一度走り回りたくて、苦しい闘病に耐えたんだもの。憧れ続けた聖地を独り占めして、思いっきり駆け回ったって、いいよね。

私はふたたび目を閉じました。

この時見た夢のことは、今日まで誰にも話したことはありません。

けれど、こうしてこの本に出会ってくださったあなたには、これまでお話ししてこなかったことをお話ししたいと思っています。

2014年から2019年まで阪神タイガースに在籍していたプロ野球選手、横田慎太郎は、2023年7月18日午前5時42分、神戸のホスピスの部屋で静かに息を引き取りました。

享年28。

子どもの頃から目指し続けたプロ野球選手になるという夢を叶えてから、試合でプレーしたのはほんの2年という短い間でした。彼は選手人生の多くをグラウンドではなく、大学病院のベッドで過ごしたからです。

息子が光となり、この世界からいなくなってしばらくの間、私は人に会うのも億劫《おっくう》な気持ちになり、一日中家に引きこもってばかりの日々を過ごしていました。息子の看病をするために仕事を辞めていましたので、引きこもったところで一日中することがなく、やる気も起きず、ただやることといえば、息子の仏壇に蠟燭《ろうそく》を絶やさないこと、いろんな香りのするお線香を選んで買ってきてはせっせと焚《た》き、毎朝下手なお経をあげること、好きだった料理を作って、毎晩仏壇に供えること。そればかりでした。

しかしある時、ふと思い立って外に出て、お日様を見上げたのです。

太陽は夏の終わりを告げていましたが、その光の中に、確かに息子を感じました。まるですぐ傍に彼がいるように。

もうちょっとしっかりしてよ。

料理も、お母さんの気が済むならそれでいいけど、俺、どうせ食べないからね？　線香も匂いなんかどうでもいいから。お経も下手なんだから読んでも読まなくってもどっちでもいいよ。そんなことより、もっとやることたくさんあるでしょう。

息子の小言が聞こえてきそうでした。

あらまあ、そうですか。確かにその通りですね。物言わぬ箱に向かって、毎日あれこれと世話を焼いていても仕方がない。私はまだこの世に生きていて、世界はまだ続いているのです。

お母さんは、お母さんの人生をしっかり生きて。


息子の光はそう告げているようでした。

私の人生。野球選手の妻であり、母親であったという以上は何もありません。ですから今、私ができることは、最後まで「横田慎太郎の母」であることを貫くことだけだと思っています。そうであるならば。

母親として、彼の一番近くにいた者として、生前彼が伝えたかった、そして伝えきれぬままだった何かをもう一度探してみたいと思いました。引退後の息子は、自分の体験を伝えようと、病を押してでも全国を講演会のために飛び回っておりました。ですが、元来口下手でしたから、想いをすべてお伝えできていたかといえば、そうではない気もします。

伝えきれなかった息子の落とし物を一つ一つ拾いながら、慎太郎の足跡を辿《たど》る私の個人的な旅路を、もしもあなたがご一緒してくださるのであれば、とても心強く、嬉しく思います。


お時間が許すならば、どうぞ、次のページをめくってみてください。

息子の落とし物を見つけながら、それがあなたの胸の内で光る欠片《かけら》となるならば、それこそきっと慎太郎の一番やりたかったことであり、これ以上の幸せはございません。

第一章　夢のグラウンド

慎太郎を身籠《みごも》った時、大きな不安に駆られたのをよく覚えています。

「この子を、私が育てることができるだろうか……。本当に、大丈夫だろうか」

お腹にいる時から直感で男の子だ、と分かっていましたので、その不安もあったのかもしれませんが、それ以上に、この子と私の未来が、なんだか分からないモヤモヤとした霧に包まれるような感覚に囚われて、長いこと悩んでいた気がします。夫はそんな私を見て「何を言っとるんだ」と笑っていましたが、他の人には分からない漠然とした不安がつきまとっていたのは事実です。

この時、すでに将来の慎太郎との二人三脚の死闘を予感していたのかもしれませんが、その頃の私には知る由もございませんでした。

夫の真之は、プロ野球選手。結婚当初はロッテオリオンズ（現・千葉ロッテマリーンズ）でプレーしていました。大学からドラフト4位で入団し、最初のうちは頭角を現していましたが、相次ぐ怪我の影響もあり、徐々に成績を伸ばせなくなっていき、長男である慎太郎が生まれた1995年に現役を引退しました。

結婚の馴《な》れ初《そ》めは、別にお話ししなくてもよろしいような気もしますが、少々滑稽《こっけい》なのでお聞きください。

私の友人にミス鹿児島に選ばれた美人がおりまして、彼女がロッテの選手と結婚式を挙げたその披露宴の席で、真之と同じテーブルになったのが出会いでございます。それだけでしたらお付き合いまで発展しなかったのでしょうが、なんの余興だったのか、新郎新婦ではない宴の出席者がキャンドルサービスをすることになり、たまたまクジを引いたのが私と真之でした。余興とはいえ結婚前の、しかも初対面の二人がいきなり新郎新婦を差し置いて、会場のキャンドルに火を灯して回ったわけです。今では、なぜあのような事態になったのか、あまり覚えてはいませんが、それが縁で真之とたびたび会うようになりました。

その頃、私は鹿児島の日置市で銀行に勤めておりました。真之は優しくて実直な人だな、というのが第一の印象で、野球選手の妻になるというプレッシャーもなく、すんなりとプロポーズを受けました。

それが、結婚してすぐに後悔がとぐろを巻き始めました。のんびりした鹿児島から、いきなり大都会、東京の品川区に暮らし始めたというカルチャーショックに加え、真之は試合、遠征、練習、キャンプと飛び回り、ほとんど家にはいません。友人も家族もいない独りぼっちの東京で、夫の帰りを待つばかりの孤独な日々がいかに心を病むか、共感いただける方も多いのではないでしょうか。

「やっぱり今からでも鹿児島に帰って、地元の人と再婚しようかしら」

本気でそんなことを考え、寝室には常に実家に帰るためのボストンバッグを用意しておいたくらいです。やがて真之が立て続けに2度も大きな怪我をして失速し、どうも住まいが良くないのではないか、と思い始めました。私の鬱《うつ》も、真之の怪我も、子どもに恵まれないのも、すべて住んでいたマンションのせいではないのか、と。毎日鬱々と暮らしているうちに、部屋で心霊現象まで見るようになる始末。

ついにたまりかねた私は、

「引っ越すか離婚するか、どっちかにして！」

と、真之に迫りました（ちなみに、そのマンションは本当に事故物件で、これにまつわる話もいろいろとございますが、それはまた今度の機会に）。

そのようなわけで、私たちは江戸川区のマンションに引っ越しました。窓からは東京ディズニーランドのシンデレラ城の先っぽが見え、日当たりの良い部屋でした。偶然にも引っ越してすぐ、長女の真子を妊娠したのです。

長女の誕生はとても嬉しく、子育てもいそいそと楽しんでいました。真子は少々お転婆なところがありましたが、やっと迎えた我が子でしたから、はりきって頑張っておりました。

真之はというと、もう娘に溺愛《できあい》まっしぐらです。子どものために頑張らねば、と奮起しておりましたが、気持ちに反して試合出場は減少の一途を辿り、さすがに先行きを案じ始めていました。そしてこの年、不完全燃焼な思いを抱えたまま、トレードにより中日ドラゴンズに移籍したのです。

私は、真之の頑固で不器用なところも決して欠点だと思ってはおりませんでした。成績が残せないことも、チャンスさえ来れば巻き返せると信じてきました。しかしこの頃になると年齢も30歳を過ぎ、若手が次々と入団する中で、あと一花を咲かせるにはかなり厳しい状況になってきていることは認めざるを得ませんでした。もちろん、本人が一番分かっていたことでしょう。しかし現役である限りは最後まで前を向いて進まねばなりません。ですから私は真之の代わりに、密かに次のステージへの準備を進めることにしました。いつでも彼が「野球をやめる」と言い出せるように……。翌年の1994年になると、一軍での公式戦出場がいよいよ途絶えました。シーズンを通して、一度も一軍の試合に出られなかった年は、プロ入り以来初めてのことだったと思います。そしてその年の秋、真之はチームからついに戦力外通告を受けました。

通告を受けた日、真之は部屋に帰ってくると、居間にどっしりと腰を下ろしたまま、しばらくの間、動こうとしませんでした。私は1歳になった真子をあやしながら、只事《ただごと》ではないことが起きたのを感じておりました。しばらくの沈黙の後、真之は口を開き、

「また移籍するかもしれない」

と、呟くように言いました。

「そうですか」

わざとなんでもないような答え方をして、それきり何も聞きませんでした。すぐに真子が泣き始めたので彼女を抱いて寝室に入り、しばらく居間には戻りませんでした。

強くならねば。

通告を受けたからといって、野球をやめたからといって、人生は終わらない。むしろ、それからのほうが長い。そう自分に言い聞かせました。

「これから、これから」


その頃のことです。

何か予感がして、産婦人科を受診しました。

「おめでとうございます。2か月です」

担当医がにっこりと笑って告げてくださいました。私は二人目を妊娠していました。今度はきっと男の子だ、なぜだか強くそう思いました。

真之に電話で報告しますと、躍り上がるような明るい声で「そうか！」と返ってきて、心底嬉しく、安心しました。夫は、その知らせに活力を得たのか、もう一度グラウンドへ向かう気力が湧いてきたようでした。その年、西武ライオンズ（現・埼玉西武ライオンズ）へと移籍しました。


そして1995年6月9日。

長男、慎太郎が誕生しました。

生まれてみると、妊娠の時の不安は一瞬でかき消され、愛情一辺倒になりました。娘の時とはまた違い、息子の体は特別な重みに感じられました。この子はいったいどのような人生を歩いていくのだろう。

野球をやるだろうか、それとも……？

期待と希望に胸を膨らませながら我が子の手を触りますと、慎太郎は小さな瞳を一生懸命に開いて、私の指を握り返してきました。

2児の母となった私の生活は、最高潮に目まぐるしくなりました。

真子は活発な性格で、家の中よりも外で遊びまわるのが好きで、特にボール遊びを好みました。慎太郎が最初にボールに興味を示したのも真子の影響です。やがて慎太郎は、真之の買い与えたおもちゃのバットを手にすると、それを離さなくなりました。姉と弟は共によく遊び、よく喧嘩しました。

慎太郎が生まれた夏。

真之は引退を決意しました。正確に言えば、本人が決意したというより解雇を言い渡されたのです。選手人生というのは（残酷なものですが）、体力的、技術的に戦力外となった以上、チームへの貢献は望めません。遅かれ早かれ、その日はやってくるのです。

真之から電話がかかってきたのは夕方のことでした。珍しく試合前でしたので急用かと思い慌てて受話器を取りますと、夫は一言、

「クビになったよ」

前年の戦力外通告の時の落ち込みようとは違い、どこか開き直ったような、あっけらかんと

したような声でしたが、受話器の向こうの顔が泣いているような気がして胸が詰まりました。

「まあ、いいんじゃない？」

自分でも意外なほど明るい声でした。夫は、私が泣くか、それとも怒るかと、身構えていたのでしょう。拍子抜けしたように笑いました。

「まあ、いいか？」

「いいわよ」

私も笑いました。二人で、笑い合いました。

不思議なもので、笑ってしまえば、何事も大したことではないと思え、事実、大したことではなくなる気がします。その日、私たちは何か張りつめた糸が切れたように、思いっきり笑いました。

数日後、真之の最後の試合を見るために、真子と慎太郎を連れて西武球場へと向かいました。それまでは彼が一軍でプレーしている時ですら、スタンドで応援したことはほとんどありませんでした。子育てに追われて時間と余裕がなかったのです。しかし最後ですから、今日だけは見ておかなければ後悔する、と思いました。真子にも慎太郎にも、父親が野球選手であったことを覚えておいてほしい。特に慎太郎には、父の生きたプロ野球の風を感じてほしかった。野球選手を目指すかどうかなど、まだ哺乳瓶をくわえている彼に分かるはずもないのに。

慎太郎は生後3か月で、真子はやっと2歳。

幼い二人を抱えて電車を乗り継いで行くのは大変な労力がいりました。慎太郎を胸に抱き、真子の小さな手を引いて電車に乗り込もうとした時、あっという間に真子の足が電車とホームの間にずり落ちてしまいました（あの時代は、電車とホームの間隔がかなり空いていることも多かったのです）。あっと思った次の瞬間に、ぐっと手を引いて引き上げ、車両内に乗せました。瞬時の出来事でしたが、私は必死でしたので冷や汗をかく暇もありませんでした。なんとか球場に着き、スタンドで腰を下ろした時に、どっと汗が噴き出しました。

試合が始まると、ゲーム展開よりも場内アナウンスの声が気になっていました。いつ「横田」の名前がコールされるか、その瞬間を逃したくなかったのです。そのシーズン中も、ベンチ入りはするものの、試合で起用されることはほとんどありませんでした。でも、今日だけは最後ですから、どこか一場面でも出場できるのではないかと、期待をしておりました。

しかし出場のコールを聞くことは一度もありませんでした。真之は最後の試合、まったくグラウンドに上がることなく引退したのです。試合が終了した時には力が抜け、思わず夜空を見上げてしまいました。

「最後の最後まで、出れなかったか……」

幼い二人は何も知らずに遊んでいます。

「ここから、ここから」

つぶやいて私は、慎太郎を抱き上げ立ち上がり、真子の手を取って人込みをかき分け、急いで帰宅の途につきました。家に帰ると、出かける前に仕込んでおいた食事をテーブルに広げ、瓶ビールを何本も並べて待ちました。真之は送別会や引退式があるわけでもなく、いつも通りの時間に電車で帰ってきたので、居間に入ってくると目を丸くして驚きました。

「凄いご馳走だな！」

「はい。お疲れさまでした！」

私は威勢よくビールの栓を抜き、グラスになみなみと注ぎました。もちろん、自分のグラスにも。

「たくさん飲んでくださいね。私もたくさん飲みますね」

「ビール、買ったのか」

「はい、1ダース」

「1ダースも？」

「もう練習しなくていいわけですから、たくさん飲みましょう」

そんな調子でビールで乾杯をして、互いに一気に飲み干しました。決して無理をして明るく振る舞っていたわけではありません。その時の私は、本当に心から活力に溢れていたのです。

さあ、ここから、ここから。

口癖のように繰り返し言ったその通りに、ここからまったく新しい私たちの人生が始まる気がして、どこかワクワクした心持ちになっていたのです。

引退した真之への私からのプレゼントは、1年間の休養期間でした。

個人差はあるものの、スポーツ選手が引退後に、第二の道を見つけるのには時間がかかると言われます。真之は幼い頃から野球しかやってこなかった根っからの野球人ですから、野球以外の道で生計を立てていくための新しいスキルを身につけねばなりません。ですから私は、彼が1年間休んでも差し支えないだけの貯金額を用意しておりました。せめて1年くらいは、厳しかったプロ野球生活から解放されて、思う存分羽を伸ばして、英気を養ってから次のステージに進んでもらおうと思ったのです。この休養期間中、夫は子どもの面倒を大変よく見てくれて、真子も慎太郎も伸び伸びと育っていきました。

慎太郎は動きがおとなしく、夜泣きもあまりせず、眠っている時も「スー、スー」と静かに寝息を立てるような、性格もおっとりした子どもでした。しかし、ひとたびバットを持つと人が変わったように活発になり、立てるようになると真子の投げるボールを本気で打ち返す遊びを始めました。やがて真子が弟と遊ぶのに飽きると、私に投げてくれとせがみ、柔らかい布やゴムのボールを小さなバットでせっせと打ち返すことに精を出し、他の遊びにはあまり興味を示しませんでした。

この遊びは、小学校に上がると少し長いバットに持ち替えられ、私もゴムボールではなく新聞紙を丸めてガムテープでぐるぐる巻きにした硬いボールで対抗しました。慎太郎が小学校3年生でソフトボールチームに入ると、いよいよ本格的なバッティング練習になり、ボールの数も20個、30個……と増えていき、私の投球への注文もどんどん細かく厳しくなっていきました。

「次は右に投げて」

「次は内角に」

「ちゃんとストライクゾーン狙ってよ」

「もっと速く投げれない？」

「いちいちうるさいな！」と叫びながら、私も妙に対抗意識を燃やして投球の腕を磨いておりました。ついには新聞紙ボールは50個を超え、押し入れからボールが溢れ出て、家のそこら中に転がっており、真子に蹴っ飛ばされたり、真之にゴミと間違えて捨てられたりを繰り返しながら、この練習は中学卒業まで続きました。時にはエキサイトしたバッティングで、ガシャーン！と爽快な音を立ててサイドボードのガラスや電球を割ることもあり……。

「プロ野球の選手になれたら、もっといいのを弁償して」

「分かった」

そんな日々を繰り返し、いよいよ練習にも熱が入るのでした。

私たち一家は、慎太郎が3歳になる頃、東京を離れて私の故郷、鹿児島の日置市に転居しました。

真之は、宅配のアルバイトから始めて焼肉屋の修業を経て調理師免許を取り、移住してすぐに小さな店を構え、郷土料理を振る舞う料理屋を営むことに挑戦しました。東京で磨いた腕を存分にふるい、4年ほど続けたのですが、徐々に経営が厳しくなり、閉店。その後どのような仕事をするか二人でいろいろと探したのですが、真之を現役時代から応援してくださっていた方の斡旋《あっせん》で無事、電気メーカーでの職に就くことができました。

同時にその頃、日本プロ野球OBクラブから2001年に発足したプロ野球マスターズリーグのチームに誘われ、福岡ドンタクズに入団し、ふたたび野球のグラウンドでプレーできる機会に恵まれておりました。

その頃、慎太郎は6歳で、すでに「野球選手になりたい」と口にしていましたから、行われた福岡ドームでの試合に連れて行きますと、着いたとたんに少しでもバッターの近くで見たいと思ったのか、一人でバックネット裏までトコトコと歩いていき、かじりつくように選手たちのプレーを見つめていました。現役時代、父親のプレーを一度も見たことがなかったので、野球をする姿を見せられたのは嬉しかったのですが、それ以上に、野球に対する慎太郎の情熱が並大抵のものではないことがひしひしと伝わってきました。

真之は、ふたたびグラウンドでバットが振れることが大変に嬉しかった様子で、試合が決まると久しぶりに家でもバットやグローブの手入れを念入りに行っていました。その様子を傍らで見ている息子の目は、まさに真剣そのものでした。おもちゃのバットとは違う、本物のプロ野球選手が使う木製のバット。年季が入って重みがあり、6歳の子どもからすれば迫力に満ちていたことでしょう。

真之は自分の道具を、慎太郎に触らせることは一切ありませんでした。野球選手にとって道具は命と同じほど大切なもの。たとえ現役を終えても生涯変わらないプライドなのかもしれません。

慎太郎も「いつか自分の野球道具を手にしてみたい」と憧れたことでしょう。初めて買い与えたグローブを、宝物のように目を煌《きら》めかせて受け取り、それはそれは丁寧に丁寧に磨いていました。父親の見よう見まねで、クリームを塗り、指を入れて何度も折り曲げて自分の手に馴染ませていました。いつでも枕元にグローブがあり、寝る直前まで飽きることなくパンパン、と鳴らして世話をしていました。

慎太郎は誰よりも「目標を達成する」ことに執着とも言えるほどの情熱を燃やせる子どもでした。父親の背中を追いかけて、プロ野球選手になる、という夢を掲げることは自然な成り行きだったと思いますが、息子はそれを漠然とした〝夢〟ではなく、より具体的な〝目標〟という形に、かなり早い段階から切り替えることができました。目標を達成するにはどうしたらいいのかを、まるでゲームのように頭の中で組み立て始めたのです。ほんの小さな目標でも、それを〝今日の目標〟として掲げ、達成すれば喜んで、次の日には別の目標を立てます。

その目標の立て方が実に堅実で、自分がクリアできるギリギリのものしか設定しません。今日一日で成し遂げられそうにないことは最初から設定せず、必ずできることを設定する。なぜなら、「できた」という満足感と達成感が、次の日も着実に歩める活力を与えてくれるから、と言うのです。

最初に申し上げておきますが、両親二人は、このようなことを彼に教えた覚えはないのです。どちらかというと真之も私もマイペース派。真子に至っては私たちよりさらに感覚的に物事を決める子どもで、自分で立てた目標でも、気が変われば簡単に覆し、さらりと方向転換する。決めたことをやり通す慎太郎とはまったくの逆でした。

そんなわけで、慎太郎は家族の中で異色の存在。いったい誰に似たかといえば、私の父の母、慎太郎からすればひいばあちゃんです。明治生まれの女性には珍しく、なんと身長は180センチ！　今でも高身長と言われる数字ですから、当時は間違いなく巨人です。着物も草履《ぞうり》も特注。さらに、彼女は大の綺麗好き、というより潔癖性で、毎日家じゅうを隅から隅まで掃除していたそうです。高身長、そして潔癖性に至るまで、まさに慎太郎はこのひいばあちゃんの血を受け継いでいたのでした。

朝陽がようやく山々を照らし、辺りを薄水色に染める頃。

家じゅうに甲子園のサイレンが鳴り響きます。時刻は5時。続けて、入場行進のような勇ましい音楽が大音量で流れてくると、ドン、バタ、という音と共に筋トレが始まったことが分かります。2階の慎太郎の部屋からです。

「ちょっと、いい加減にしてほしいんだけど……」

台所で真子が牛乳を飲みながら慎太郎の愚痴を言い、私は聞き流しつつご飯の支度を始める。それが家族の毎朝の日常の光景となっておりました。

2009年の初夏。

結婚して20年以上の時が流れていました。

真子は高校1年生。慎太郎は中学2年生。

真子は小学校から続けていたバレーボールを高校でも継続し、身長はゆうに160センチを超えておりました。子どもの頃から運動神経が良く、何かと動き回って体中に怪我をしてくるようなやんちゃな性格で手を焼いていましたが、バレーボールにのめり込んでからは一層彼女の精悍《せいかん》さが際立ってきたように思え、プレーしている姿は、母親としても眩しい瞬間がありました。それに輪をかけて誰よりも激しくアスリート街道を突き進んでいたのが弟の慎太郎です。中学では軟式野球部に入部。早いうちからレギュラー入りし、左投げ左打ちの二刀流で頭角を現し、次第に四番を打てるようになっていました。

5時からの筋トレを終え、時刻は5時30分。

タッタッタッタと軽快な足音を鳴らして台所に下りてきたかと思うと私を見るなり、

「ランニング行ってくる。6時に帰るから。朝ごはん、その時までに作っておいて」

と言い残し、そのまま玄関に向かいました。

「サイレンの目覚ましはやめない?」

と、憎々しげな真子の文句はまったく無視して、スニーカーを履くと戸を開けて出ていきます。私はご飯を炊き、鍋を出していつもの味噌汁、同時進行で4人分の弁当作り。家族みんなの食べる量がすさまじく、弁当と合わせて5合炊きの炊飯器を一日に3回以上稼働させなければ間に合いません。

「ただいまー」

6時ぴったり。汗ばんだ慎太郎が帰宅します。そのまま台所へやってくると、ポケットに入れていた紙屑《かみくず》をポロポロとゴミ箱に捨てました。

「何、それ？」

「拾った」

「ゴミ？」

「うん、ゴミ」

「なんでゴミ拾ったの？」

「なんとなく」

そう言うと慎太郎は自室へ駆け上がっていきました。毎朝、彼はこうしてランニング途中で道に落ちているゴミを拾っているようでした。

「なんとなく良いことがありそう」

中学卒業まで続いたこのゴミ拾い習慣。一種の〝願掛け〟だったのかもしれません。プロ野球選手になりたい、その大きな夢を叶えるための、息子なりの一日一善。

ランニングを終えて着替えるとすぐに居間へ下りてくるので、私はその足音でタイミングを察知しながら、ささっとテーブルに茶碗と皿を並べていきます。慎太郎が席に着く時には朝食は完璧に出揃い、1秒の無駄もなく「いただきます」と箸を取ればホッと一息。

ご飯を食べている間は無言。15分であっという間に食べ終わると、「ごちそうさま」と箸を置いてふたたび自室へ。鞄《かばん》を持って「行ってきます」と6時30分には登校します。

毎朝のことですから、この〝ちびっこアスリート〟ぶりには慣れておりましたが、今思い返せば、少々異常なほど規則正しい毎日でした。毎日の時間割がきっちりと決まっており、それを実行しなければ気が済まなかったのです。帰宅すれば1分1秒も無駄にせず、バットを持って近くの空き地へ出ていくと、風呂に入る時間までずっと素振り。私もコーチになった気持ちで毎日の時間割をこなしていました。

こんなお話をすると、

「そんなに急がなくても……」

と、読んでくださっているあなたは思うかもしれませんね。でもきっと、慎太郎からは「時間がもったいない」と返ってきますよ。

「待ってる時間とか、何もしない時間が凄く嫌。そういう無駄な時間は、ぜんぶ練習にあてたい。そうすれば目標に近づける」


この姿勢は終始一貫、亡くなるまで、変わることはありませんでした。


日本の球児たちの目標。誰もが憧れる場所。

それが聖地、甲子園です。

当然、プロに行くと決めた慎太郎の第一の目標は、甲子園出場でした。プロ野球選手になるにしても、甲子園に出場しているのといないのとでは、将来に大きく差が出てきます。よく知られた話ですが、ドラフト会議では甲子園で活躍した選手たちから指名がかかるのが一般的です。そしてその闘いは中学からすでに始まっているのです。

慎太郎の野球部でも、すでにどの高校へ行きたいか、ということが部員たちの中では話題となっているようで、慎太郎はいつも迷わず「鹿児島実業高校」と答えているようでした。県内屈指の強豪である〝鹿実〟は甲子園の常連校。プロ野球選手も多く輩出する、間違いなくトップクラスの野球部です。

もちろん本人が望む場所へ行かせてやりたいのですが、鹿実の野球部は全寮制で練習も大変厳しく、親元を離れてやっていけるのかが心配で、できることなら家から通える高校へ行ってくれないかと密かに思っておりました。

「慎太郎、高校どうするかしらね」

ある時、真之にそう言いますと、

「鹿実だろう。慎太郎なら入れる」

「問題は入った後ですよ」

「入ってしまえばこっちのもんだよ。泣いて戻ってきても絶対に家には入れん」

と、鬼のようなことを言います。

「この間、監督さんと話をしたんだけどな。大会で慎太郎のプレーを見た鹿実のコーチが勧誘に来たんだと。あんまり上手いから3年だと思ったらしくてな。まだ2年だと聞いて、びっくりしとったそうだ」

真之は満足げに笑っています。

事実、慎太郎の周囲からの評価は非常に高く、本人もそれを自覚しているようでした。だからこそ、自分は特別なのだ、という思いがより一層、厳しいスケジュールをこなすための原動力になっていたような気がします。

「うちの子は慎太郎くんに凄く憧れているのよ」

同じ野球部で同級生のお母さんから、そのように言われたこともありました。

1年生の頃、練習が休みの日にその友人の家に部員が遊びに来た時、他の子たちはゲームや漫画を持ち寄っていたのに対し、慎太郎だけは『週刊ベースボール』を持ってきて一人熱心に読んでいた、というのです。話を聞いた時は、なんと協調性のない……と呆《あき》れてしまったのですが、友達はみんな「横田はプロに行くんだから」と納得していた、と。

「監督さんが、慎太郎くんはチームでも一目置かれていますってさ」

しかし、そう言う真之は、なぜか慎太郎に自ら野球を教えることをしませんでした。たまにアドバイスを求められるとそれに応えはしているのですが、自分から進んで指導することはなく、私にはそれが不思議でした。息子が自分と同じ道を選んだことを喜んでいるのに。一方で、地元の子どもたちには進んで野球を教えたり、将来的には中学や高校の野球部の監督をやってみたい、などと言うので、

「よその子を教えなくても慎太郎に教えてやったらいいじゃないですか」

と言いますと、

「慎太郎はいいんだ。あいつはあいつでやっていくだろうから」

と、なんだか達観したような返事をします。週末に行われる試合も、私は欠かさず応援に行

きましたが、夫は仕事を理由に行ったり行かなかったりで、慎太郎からすれば、少し寂しい気持ちもあったのではないかと思います。

ともあれ、その頃から私は慎太郎の将来をより一層、本気で考え始めるようになりました。プロ野球選手になるということはどういうことなのか、親にはどんな覚悟がいることなのか、あらためてきちんと向き合い始めたのです。

「慎太郎、頼むぞ！」

「なんとかこの回抑えてくれ！」

試合では、ピッチャーというプレッシャーを背負い、渾身のプレーで期待に応える。それはプロ野球選手さながらの姿でした。そんな息子の姿を誇らしく思うと同時に、ひどく遠く感じられるようになっていきました。

「あれは、誰の子だろう？」

ある日、試合を見ながらそんなことが頭をかすめました。

いや、紛れもない慎太郎だ。私が産み、育てている子だ。けれど……。

彼に手が届かないような、遠くにいるというこの感覚はいったい、なんなのだろう。

この不思議な感覚は、日を追うごとに色濃くなっていったのです。

真之にも、他の誰にも、理解できる感覚ではないでしょう。慎太郎は、どこか別の星から来て、私は一時だけこの子をお預かりしているだけなのだ、という不思議な感覚。

今も、その感覚は私の中に残ったままです。

3年生が引退し、2年生が部活の主役となり始めた秋のことでした。相手チームのグラウンドを借りての練習試合が行われていました。私は真之と並んでスタンドで応援をしていました。先輩もいない気楽さから、慎太郎たち2年生のチームには少し浮かれたような空気が流れていました。慎太郎もその日はチームメイトと大声で話したり、笑いあったりすることが目立っていました。試合も快勝で、浮かれた雰囲気のままゲームセット。

試合後、鞄を持ってグラウンドに出てきた慎太郎と仲間たちは、保護者会から差し入れされた栄養ドリンクを手にしていました。チームメイトの一人がドリンクをラッパ飲みし、慎太郎もそれに続きました。そのうちに一人がドリンクを別の選手に飲ませようとじゃれ始め、悪乗りした彼らはドリンクをこぼさんばかりの勢いでじゃれあいながら、グラウンドを横切ったので、それを見咎《みとが》めた顧問の先生が注意をしておりました。

スタンドから一部始終を見ていた真之は、物も言わずスッと立ち上がり、外へ出ていきました。私も、慌てて後に続きました。

グラウンドの入口付近に、帰りのバスが停まっており、乗車を待つ野球部員たちが溜まっていて、そこに慎太郎の姿もありました。

すると真之は大股で慎太郎に近づくなり、周囲の目も顧みず、いきなり慎太郎を殴りつけました。

「ちょっと待って……！」

驚く部員たちをかき分け、私は真之の傍に駆け寄りました。殴られて地面に転がった慎太郎は、いったい何が起こったのか分からずに唖然《あぜん》としています。

「あの態度はなんだ！」

真之が怒鳴りました。

「え……」

慎太郎はすっかり面食らって、目を白黒させています。

「お父さん、ちょっと……」

「あんな態度でグラウンドを出る奴があるか！」

その場にいた全員に響き渡るような大きな声でした。他の部員も、保護者の皆さんもすっかり驚いて真之と慎太郎を見ておりました。息子はなんとか立ち上がり、

「ごめんなさい」

と小さく呟きました。

顧問の先生が走ってきたので、真之は先生に「失礼しました」と頭を下げると、その場を離れました。私はまた慌ててついていきましたが、慎太郎のことも気になり、振り返りました。慎太郎は顧問の先生に促され、バスに乗り込んで行きました。

「みんなの前で叱らなくても……」

真之に追いついた私は、大股で歩く夫と並んで歩きながら言いました。こんなに激怒した真

之を結婚以来見たことはありませんでした。真之はそのまま押し黙り、家に帰ってもずっと無口でした。

その夜、シュンとうなだれた慎太郎が帰宅し、ノロノロと玄関の戸を開けました。いつもはランニング代わりに走って帰宅してくるのにと、なんだか可哀そうになって明るく「おかえり」と声をかけて迎え入れると、息子は居間に入って真之の傍に腰を下ろし、小さな声で、

「今日は申し訳ありませんでした」

と詫びました。

「どうして殴られたか、分かっとるのか」

「ふざけてジュース飲んだから……」

「慎太郎。グラウンドは神聖な場所やぞ。誰もが立てるわけやない。お前たちは当たり前のように野球ができていると思っとるだろうが、違う。一生懸命努力して、あの場所に立てるならどんなことだってやると頑張って、頑張っても、中に入れん奴もおる」

「……」

「グラウンドに敬意を払えん奴に、野球をやる資格はない」

私は台所に立ったまま、真之の言葉を聞いておりました。

毎朝5時に起床して、時間を惜しむようにトレーニングを重ね、一日一日きっちりと目標を立て、プロ野球選手への道をひたすらに歩む息子が、グラウンドへの敬意を持っていないわけはありません。しかし。

「すみませんでした。……試合が楽勝だったので、浮かれてました」

慎太郎は、小さな声でそう言いました。

「相手チームのことを考えろ。試合である限り勝ち負けはあるやろ。けどそれは優劣とは違う。勝ったからってお前らはなんも偉くないし、得意がる意味もない」

「……はい」

「野球の上手さより、何より大事なのは礼儀だぞ。それを忘れたらあかんぞ」

慎太郎は唇を噛みしめ、もう一度「はい」と言うと、深々と丸坊主頭を下げました。


2011年。

息子は念願の鹿児島実業高校に入り、実家を出て寮へ入りました。

「泣いて帰ってきても家には入れるな」

と真之は申していましたが、私はいざ帰ってきたら喜んで迎え入れてやろうと密かに思っておりました。内心、可愛い息子を手放したくないだけだったのかもしれません。しかしそんな親の気持ちとは裏腹に、慎太郎は家に帰りたいなどと微塵も感じさせないストイックさで、1年生の秋、いきなり四番を任されました。

その知らせを聞いた時には思わず私は「凄い、凄い！」と大騒ぎしましたが、真之はあまり喜びはせず、

「結果を出さんと意味がない」

と、渋い顔をしておりました。なぜ真之が、慎太郎に野球を教えなかったのか。きっと息子の素質を誰よりも見抜いていたからでしょう。もう少し出来の悪い子だったら手取り足取り教えていたけれど、慎太郎はすでに父親と同じ域、もしくはそれ以上に達することのできる子でした。ある意味で父親のライバル的な存在だったのかもしれません。

慎太郎が家を離れ、我が家はそれまでのように〝ちびっこアスリート〟のルーティンに巻き込まれる忙しさはなくなったものの、私にとっては、ますます息子が遠い存在になっていくような、変な寂しさがありました。

練習のない土日、盆や正月に息子が帰ってくるたびに、どんどん顔が大人びていくのが分かるのです。家に帰っても会話はあまりなく、休むことなく黙々とトレーニングに打ち込んでいました。

慎太郎はいつの間にか「プロ野球選手になりたい」から、「ならなければならない」という使命感にかられているようでした。もちろん、誰かに強制されたわけでも影響されたわけでもありません。自分との固い約束を結実させるべく、毎日鬼気迫る様子でした。その気迫はプレーにも出て、豪快なスイングで長打を次々と放ち、地元の新聞にも〝プロ注目のスラッガー〟と写真が載るようになりました。

3年生になる頃には〝絶対的エース〟としての背番号1番を背負い、高校生活のすべてを野球に捧げ、私たち家族でさえ近寄りがたいほど、鋭利に研ぎ澄まされていきました。

プロ野球選手になる。そのために。

絶対に叶えたい、叶えなければならない夢。

甲子園。

高校球児にとっての絶対的聖地出場をかけた、最後の夏が目前に迫っていました。

2013年7月23日。鹿児島県立鴨池《かもいけ》野球場。

太陽がギラギラと照りつける真夏日となり、詰めかけた観客のために1時間も早く開場が行われました。第95回記念鹿児島大会。鹿児島実業高校対樟南《しょうなん》高校の決勝戦です。

鹿児島実業は、前日の22日、県立鹿屋《かのや》工業高校を9対4で下し、波に乗っていました。慎太郎が子どもの頃からずっと夢見た大舞台まであと一つ。

私は真之と真子と共に、野球部保護者席の前方スタンドに陣取りました。この勢いのまま、今日は何がなんでも勝ってほしい。小学校、中学校、高校と、すべての時間を野球のために捧げ、甲子園というただ一点だけを見つめて厳しい練習に耐えてきたのです。今、私にできることは、大声で声援を送ることだけでした。

私たちの隣には、溢れんばかりの野球部員たちがいました。共に過酷な練習に耐えながら、甲子園を夢見ながら、グラウンドに立つことができない仲間たち。ベンチ入りできた選手は、この大勢の仲間たちの想いを一緒に背負って戦うのです。

一球入魂。それは両チームとも同じこと。試合開始のサイレンが鳴り響きました。

1回表の鹿実の攻撃は無得点に終わり、その裏、樟南高校の攻撃が始まりました。

背番号1番。身長185センチ。マウンドに立つ慎太郎の背中は、息子とは分からないほど大人びて、凜としています。

「慎太郎ー！　しっかり、やれー！」

真之が叫びました。

「横田ー、頼むぞー！」

「横田ー！」

スタンドから次々と彼の名が叫ばれました。その声が聞こえたのか、慎太郎は帽子のつばに指をかけて軽く会釈すると、大きく左手を振り上げ、第1球を樟南打線に投げ込みました。

夏の太陽は鈍く光り、この先の長い闘いをじっと睨《にら》むように照り続けています。

鹿実の野球部で過ごしたこれまでの2年。結局、慎太郎は、一度も甲子園に行くことができていませんでした。夏のトーナメント戦も、春の選抜も。甲子園に行きたいがために選んだ進路でしたから、本人としては「最後の夏は絶対に」という強い思いがあったに違いありません。


0対0で迎えた3回表、鹿実の攻撃。

ツーアウトに追い込まれたところでキャプテンの福永選手がヒットを放ち、出塁しました。

鹿実は、野球以外の部活もトップクラスで、スタンドで応援してくれている吹奏楽部、チアリーディング部も非常にレベルが高く、野球部の控え部員も大勢いますから、攻撃の際の応援は、地鳴りかと思うほどの大音量となります。

「四番、ピッチャー、横田くん」

その名前が呼ばれると、私はいてもたってもいられず、立ち上がって、

「慎太郎ーー！」

と叫びました。

「ここで先制すれば試合の流れをこっちに持ってこれる」

真之も真子も立ち上がります。慎太郎はバッターボックスに入り、マウンドを睨みました。

樟南高校のエース、山下敦大投手は慎太郎と同じく左投げです。準々決勝、準決勝、と完投を続けているにもかかわらず、疲れを見せないクールな佇《たたず》まいです。

「この試合は山下くんとの一騎打ちだな」

真之が唸《うな》るように言った、その瞬間。

カキン！

大歓声を切り裂き、打球が左中間へ飛びます。ぐんぐん伸びる大きな当たり。

「入れ！」

思わず叫びました。惜しくもボールはフェンス前でワンバウンド。慎太郎は父親譲りの俊足で二塁を蹴ります。外野手が送球しようとした時には、三塁を回った福永選手がホームベースを駆け抜けていました。慎太郎は三塁へ全力のヘッドスライディング。

「よっしゃ、先制！」

鹿実スタンドは歓声と興奮に包まれました。泥だらけになって立ち上がり、ヘルメットを外した慎太郎が白い歯を見せて笑いました。

「山下のスライダーからタイムリースリーベースか」

「いいですね」

私たちの目の前を、話しながら通り過ぎる人がいました。野球部のコーチと、スーツを着た背の高い男性です。男性の視線の先には三塁に立つ慎太郎がいました。

「しかし彼の持ち味は、あのガッツですね。序盤から泥だらけだ」

「はい、全力プレー以外、知らない子ですから」

コーチの言葉に男性は笑い、二人はネット裏へ歩いていきました。

「スカウトの人だね」

真子が隣で囁《ささや》きました。

ふたたび、大歓声がスタンドから沸き上がりました。

五番の大迫選手がヒットを放ち、慎太郎がホームに戻ってきました。これで2点の先制です。いける！　私は確信しました。今年は行ける、夢の甲子園へ！　浮足立ったのはスタンドだけではありません。おそらくグラウンドでプレーする慎太郎たちも、甲子園という文字が大きく、手の届くところに見えてきたことでしょう。

その回の裏で1点を返されましたが、そのままゲームは進みました。わずか1点差。私は中盤で必ず追加点が入るだろう、と強い気持ちでおりました。

5回表、ランナー三塁の場面で慎太郎に打順が回ってきました。先制点を叩きだした四番の登場にふたたびスタンドが揺れます。

ツーアウト、ランナー三塁のチャンス。この時、慎太郎の頭にあったのはきっと、ホームランだったことでしょう。しかし。1ボール2ストライクに追い込まれた山下投手からの4球目。

あ！　と私は声を上げました。

大振りの空振り三振。

「ああ、くそっ……！」

内角の膝元へ鋭く沈むような独特なスクリューでした。慎太郎はバットが空を切ったことが信じられない様子で、口惜しげに打席を離れていきます。山下投手は、ホッとしたようにチームメイトに笑顔を送りました。あとで知った話ですが、彼は、やがて来るであろう鹿実との決戦の日に備え、このスクリューを秘球として、この時までずっと封印してきたそうです。抑えたかったのは当然、慎太郎の長打でした。

私はなんだか嫌な予感がしました。

1分1秒も無駄にせず、人生のすべてを野球に捧げてきた慎太郎が、甲子園に行けない、などということがあるだろうか。もしダメなら、彼の18年間はいったい何だったのか。

まさか甲子園に行けないなんてことがあっちゃダメだ、今日は絶対に勝たねばならない。そう、勝つべきなのだ……。

そんな私の身勝手な願いとは裏腹に、ゲームの流れは樟南高校へと傾き始めました。

6回裏。慎太郎はマウンドを降り、レフトを守っていました。

ツーアウト二塁からタイムリーを打たれ、同点に追いつかれると、続くバッターがレフト前に鋭い打球を放ちました。鹿実スタンドから悲鳴のような声が上がり、ボールは慎太郎の前へ。ランナーが三塁を回り、すぐさま捕球した慎太郎は、素早くホームへ送球しますが間に合わず、逆転を許してしまいました。

「うそ……！」

落胆と不安の空気に鹿実スタンドは覆われました。この逆転はかなり痛い。グラウンドの慎太郎は汗を拭い、仲間に向かって何か大声を出しています。悔しいなどと感じている暇はありません。今、この瞬間はどんな感情よりも、ボールを追いかけるほうが先なのです。そうすることでしか、未来は見えません。私は叫びました。

「たかだか1点！　ここから、ここから！」

7回表。鹿実は名門の意地を見せ、1点を返して試合を振り出しに戻しました。勝利の女神がどっちに微笑んでもおかしくない均衡状態のまま、8回、9回表と得点は動かず、ついに9回裏を迎えました。

ツーアウト二塁三塁。もし1本でもヒットを打たれてしまったらサヨナラ負けです。しかしここを抑えて延長戦に突入すれば、勝てる。

大音量を響かせていた鹿実スタンドはしんと張りつめて、誰もが祈るようにグラウンドを見つめています。

私は両手をぐっと握りしめてこの緊張感に耐えていました。

「頑張れ……頑張れ……頑張れ……！」

打席にはこの試合、ずっと一人で投げ続けてきたエースの山下選手が入りました。きっと、心も体も疲労困憊《こんぱい》していることでしょう。延長戦に一番持ち越したくなかったのは、彼かもしれません。1ボール2ストライクまで追い込まれ、放った打球はサードへのゴロとなりました。

「サードゴロ！」

よし、スリーアウトだ！　確信した次の瞬間、イレギュラーとなった打球はサードのグローブを弾きました。

「え!?」

ショートがカバーし、すぐ一塁へ送球しました。が、聞こえたのは「セーフ！」の声と、割れんばかりの樟南スタンド、そしてホームインしたランナーと共にグラウンドで飛び上がる選手たちの歓喜の声。

「……！」

終わったのです。

私はただ茫然《ぼうぜん》としてグラウンドを見つめました。

「嘘でしょ」

「終わった……」

真之が大きく息を吐きました。真子も涙ぐんでいます。周囲を見回すと、野球部員も、吹奏楽部も、チアリーディング部も保護者たちも、みんな泣いています。グラウンドで膝を折り、突っ伏して泣く鹿実の選手の姿がありました。

まさか、本当に。本当に、敗れたなんて。

あの子が、人生をかけた甲子園に、行けないなんて。

私はグラウンドに、慎太郎の姿を探しました。

息子はレフトのポジションから離れず、じっと立っていました。立ち尽くしていました。泣いているのだろうか。それとも……。

試合終了のサイレンが鳴り響く中、慎太郎は、ぼんやりとした足取りのまま、ゆっくりと、うなだれる仲間の輪のもとへと戻っていきました。

「ああ、くっそぅ……!」

鹿児島代表は樟南高校、と躍る地元新聞を目にして、真之は翌朝からずっと悔しがっておりました。家族の誰よりも悔しがっていたと思います。

しかし当の本人、慎太郎は。

翌日からグラウンドでバットを振っていたそうです。

「絶対にプロに行く。球団はどこでもいい。育成でも入れてくれるならどこだって行く。社会人野球には行かないよ。プロ以外、まったく考えてないから」

慎太郎の決意は最初から変わりません。息子の辞書には〝妥協〟という文字がありません。疲れたからまぁ休んでもいいか、頑張ったからまぁこの辺りでいいか、そんな風に自分の希望を変えることは絶対にないのです。「甲子園出場」という夢を絶たれた翌日、慎太郎の目標はさっさと「プロ入り」に書き換わっていました。

親としても、ぼんやりはしていられませんでした。

ある時、鹿実の監督さんが私たちに会いに来てくださいました。

「プロ志望届を出したら、いくつかの球団から声がかかった。ドラフトで指名されると思います。ご両親も心の準備をしていてください」

「本当にプロに入れますか。甲子園も出てないのに？」

「慎太郎くんは走攻守三拍子揃った逸材です。どの球団も狙ってきますよ」

監督さんは大きく頷《うなず》かれました。真之は妙にウキウキとして、

「俺はドラフトじゃ4位だった。慎太郎は何位かな」

と楽しそうです。

「親子で順位争っても仕方ないでしょ」

私は楽しみより、心配と緊張が勝っていました。そんなに期待していて、もしどこからもお呼びがかからなかったら……、と悪い想像ばかりしてしまいます。

10月24日。ドラフト会議当日。

私は真之と共に学校へ参りました。野球部の中でプロ志望届を出していたのは慎太郎一人だというのに、すでに地元のマスコミやスポーツ記者もたくさん来ていて、思った以上の騒ぎにさらに緊張が高まりました。

時間まで校長室でしばらく待ち、監督さんが真之と共に部屋を出て、私はそのまま、一人で待っておりました。どの球団でもいい、何位でもいい、育成でもいいから誰か、誰か、慎太郎に手を挙げてほしい。プロに入れてやってほしい。

神様、甲子園の夢が叶わなかった代わりに、この願いだけはどうか叶えてください。

もしこれで叶わないなら、もう努力なんて信じないです。

あの子のこれまでの努力以上に、いったい何をすれば夢を叶えてくれるというのです？

そんなことを一人悶々《もんもん》と思いながら、私はひたすら待っておりました。いつ会議が始まるのだろう、まだかしら、まだかしら……。ところが、待っても待っても誰も呼びに来てくれません。おかしい。もう始まっていてもいい頃なのに。

すると、急に廊下が騒がしくなりました。

「阪神2位、阪神2位！」

誰かが興奮して叫んでいるのが聞こえます。

阪神、2位？　なんのこと？

と思った瞬間に、いきなり部屋のドアが開き、校長先生が入ってきました。

「お母さん！　何してらっしゃるんですか」

「始まるのを待ってます」

「とっくに始まってます、慎太郎くん指名きました、阪神の2位です！」

え!?

私は急いで部屋を出ました。隣の部屋に入ると、報道の方々がさかんにフラッシュをたいています。中央に大きなテレビがあり、その前で野球部の監督さんと慎太郎がしっかりと固い握手を交わしています。

「横田慎太郎くん、阪神タイガース2位で指名されました！　おめでとう！」

監督さんの言葉に大きな拍手が湧き起こり、慎太郎は周囲に向かってガッツポーズを見せました。その顔には喜びよりも安堵《あんど》のような表情が浮かんでいました。すぐに報道陣からのインタビューが始まり、慎太郎にマイクが向けられ、息子は硬い表情で、しかしはっきりとした言葉で言いました。

「日本を代表するプレイヤーになりたいと思っています」


ああ、飛び立った。


今、この瞬間、慎太郎は私の手を離れた。

子どもの頃から、どこかからお預かりしたような子だと思ってはきたけれど、そのどこかとは、野球界なのかもしれない。今、私はその野球界へ、彼をお返しするんだ。そんな妙な感慨が私の胸に迫り、自然に涙が溢れました。

慎太郎は仲間たちから胴上げされ、大人たちからは背中を叩かれ、周囲はすっかりお祭り騒ぎになっていました。阪神球団は従来、最も欲しい高校生を2位で指名することを通例としているそうですが、甲子園出場経験のない選手を選ぶのは珍しいそうです。それだけ慎太郎の伸びしろに賭けてくださったということでしょう。

周囲の盛り上がりとは裏腹に、慎太郎はどこか飄々《ひょうひょう》としていました。翌日から、また黙々とバットを振り、浮かれた様子は全然なかったと、後に監督さんが教えてくださいました。


翌年の1月から球団の寮に入り、練習に合流することが決まっていたので、その年の暮れに家族で集まってお祝いをしました。

「2位か……負けたなぁ……」

真之は相変わらずドラフトの順位が自分より上だったことを一人で悔しがっています。もういい加減に親子競争はいいですから、と呆れていると真子が言いました。

「阪神って、ファンの人が凄いよね」

そう、数多くある球団の中で最も〝アツい〟応援団のいる阪神。練習やキャンプにも熱心に通い、試合に負ければ散々にこき下ろす代わりに、勝てばお祭り騒ぎで、スタンドを地鳴りのような大歓声で埋め尽くす。みんなで大合唱する応援歌『六甲おろし』はあまりにも有名です。

「慎太郎にもファンできるのかな。サイン考えないとダメだね。慎太郎、字汚いから練習したほうがいいよ」

真子は面白がって慎太郎をいじります。この姉は幼少時から弟をからかうのが大好きで、坊主頭を撫でまわしては「やめろよ！」と一蹴されるというやり取りを延々と繰り返し、まったく飽きない様子でした。

「関西には親戚もいないし……、これまでまったく縁がなかったのに不思議なもんだよねぇ」

私がそう漏らしますと、慎太郎は真顔で言いました。

「甲子園だよ」

「え？」

「縁も何も、甲子園だよ。阪神は」

「そうだね」

「そうだねじゃないでしょ。それが凄いでしょ」

「何が？」

慎太郎は私の受け答えに少々イラッとして、

「甲子園行けなかったけど、あそこで野球できるんだよ、俺！」

と大きな声で言ったので、真之も真子も箸を止めて慎太郎を見ました。

「俺は、それが一番嬉しい」

……ああ、そうか。

私は今さらながらに気づきました。

阪神球団の本拠地は甲子園球場。

憧れて憧れて、届かなかった、あの聖地。大会への出場は叶わなかったけれど、たしかにあの場所で、聖地でプレーすることが叶うのだ。そう思うと、〝縁〟という一言ではとても片付けられない、慎太郎が執念で手繰り寄せた運命のような気がしました。

「たしかに。甲子園には俺も行けなかったが、あそこは特別だもんな。お前は行けるんだな」

真之も噛みしめるように頷きました。

もちろん、阪神球団に入ったからといってすぐに甲子園での試合に出られるわけではありません。チーム内でさらなる闘いをクリアして一軍の選手に選ばれなければいけないのです。しかしこの時の慎太郎にはそれがいかに熾烈《しれつ》な戦いか、よく分かってはいませんでした。中学、高校と四番を任され、当然のようにチームの先頭に立ち続けていましたし、ドラフトも甲子園出場者に負けないくらいの2位指名。

「俺なら絶対にやれる」

そんな自信に満ちていたのかもしれません。

その日の夜、真之は慎太郎を部屋に呼び、自分が現役時代に使っていたバットを息子に手渡しました。

「俺の夢の続き、託すぞ」

父のバットを受け取った時、慎太郎はわずかに手が震えていたと言います。父が志半ばで引退した試合を哺乳瓶をくわえながら見た日から18年。託された〝夢の続き〟の重みを感じたのでしょうか。

2014年、新春。

慎太郎は父のバット一本を携え、兵庫県西宮市鳴尾浜《なるおはま》にある阪神球団の選手寮、虎風荘《こふうそう》に入りました。寮は二軍選手の拠点である鳴尾浜球場に面しており、慎太郎の部屋からもグラウンドが見渡せたそうです。

その年、高卒の新入りは慎太郎一人だったそうで、先輩方から大変可愛がっていただいたようです。鹿児島で野球しかやってこなかった〃野球バカ〃に加え、父親譲りの天然ボケなところもあり、それが先輩たちにとってはツボだったようです。

特に、1年先輩の北條史也さんは寮生活でのイロハを教えてくださり、息子が最も親しみを持って接した先輩だったと聞いています。寮のスタッフの皆さんも明るく優しく、球団の雰囲気全体がそうなのか、〃情にもろい熱血漢〃で、野球一辺倒で世間知らずな息子のことを何かと気にかけてくださったようです。本当に恵まれた、楽しい寮生活だったと思います。

その証拠に。

高校の時には携帯電話が禁止されていたこともあり、連絡はほとんどなかったのですが、虎風荘に入ってからは、たびたび、ちょくちょく、いや、しょっちゅう、連絡が入りました。

『お母さん！　北條先輩が俺の部屋の前でわざわざ泥落としてから自分の部屋に行くんだけ

ど！　ちゃんと先輩の部屋の前にもマットあるのに。なんで自分の部屋で落とさないんですか、って言ったら、俺の部屋散らかってんねんって。なに、それ!?　また掃除しないと……』

『お母さん！　なんか先輩たちが俺の部屋来て、俺のベッドの上でお菓子食って散らかして帰る！　なんで俺の部屋で食べるんですか、って聞いたら、ヨコの部屋で食うたら美味いねんって。お菓子たくさんくれたけど。また掃除しないと……』

『お母さん、見て！（写メ添付）食堂の朝ごはん、取り放題なんだよ。ビュッフェてやつ。凄い感動した。ご飯もあって、パンもあって、おかずもたくさんある。どれも全部美味しい』

『お母さん、関西弁って凄く速くて、何言ってるか分からない時ある。だいぶ慣れてきたけど。今日、練習でコーチに凄い怒鳴られたから、すいません！　って謝ったら「怒っとんちゃうわ、ボケ！」って言われたんだけど、やっぱり怒ってるよね？』

『お母さん！　これ、寮の牛丼（写メ添付）。食堂のご飯、とにかく美味しい。全部ご馳走』


2014年8月3日。

ウエスタン・リーグ、オリックス戦にて、背番号24番を背負った慎太郎は、プロ初のホームランを満塁ホームランで飾りました。翌日のスポーツ紙には『凄いぞルーキー！』の見出しと共に慎太郎の全身写真がドン、と掲載されました。こうして本当に、慎太郎はプロ野球選手の人生を、大きな歓声と共に歩き始めたのです。

２０１５年３月。

ついに甲子園球場で行われる一軍でのオープン戦に慎太郎は出場できることになりました。少し前に出場したソフトバンク戦でタイムリーを放って初打点を記録していましたから、一軍定着を目指して意気揚々と試合に向かったと思います。

私は自宅のテレビで試合中継を見ておりました。慎太郎が夢見た甲子園。そのグラウンドでのプレー。しかしその日は出場したものの良い結果が残せず、存在をアピールすることができていませんでしたが、私は甲子園に立てた、というだけで遠く離れた鹿児島からでも感動で涙ぐみました。

びっくりしたのはその後です。いきなり慎太郎から電話がかかってきました。

『あれ、今日いないの？』

「いないって、どこに？」

『甲子園』

「は？」

慎太郎は私が甲子園のスタンドに来ていると思い込んでいたようなのです。いなかったと知ると、

『甲子園なのに……』

とぼやきます。だったら事前に誘ってちょうだいよ、まったく連絡くれなかったじゃない、とこちらも言い返しますと、なんだか不機嫌になって電話を切ってしまいました。

見に来てほしかったのか……。

電話を切った後、なんだかおかしくなり一人で笑いました。そうか、見に来てほしかったのか。なんだ、可愛いところがあるじゃないの。

まもなく20歳。

球団での生活にも慣れ、ずいぶん体も大きくなり、いっぱしの野球選手になったと思っていたけど、まだまだ子どもの部分もあるのね。よし、次に甲子園で出場する時には関西まで行ってやろう。甲子園の土を踏む瞬間を、ちゃんと間近で見届けてやろうと思いました。

しかし、その年はそれっきりで、慎太郎は活躍できないまま、あっという間に二軍に落ちてしまいました。そのまま一軍に上がれることはなく、甲子園で試合することもできないままでしたが、私はあまり焦っておりませんでした。まだまだプロ2年目。勝負はこれからだと思っていたのです。

2016年になり、金本知憲監督に期待された慎太郎は一軍キャンプに呼ばれ、練習試合、オープン戦で華々しい活躍を見せ始めました。ホームランバッターとして期待を寄せられ、持ち前のがむしゃらプレーで、〝バントしない2番〟と呼ばれ、長打を狙っていきました。

守備や盗塁においても、ファンから〝野生児〟と言われるほど、泥臭いプレーで存在感を示し、金本監督をして他の選手たちに「横田くらいの執念を見せろ」と言わしめるほど、ゲームに食らいついていくようになります。プロ3年目で、結果を出すなら今年だという意識が強かったのだろうと思います。

同時に、〝期待の若虎〟を応援するファンの人たちもグンと増え始めたことに私も気づきました。この頃の慎太郎は、一軍でプレーを続けるための闘志と、プロ野球選手としてファンの方に応援していただけるという快感や、みんなを喜ばせたいというやる気に燃えていたように思います。2月の練習試合でソロホームランを放ち、スタンドからは『六甲おろし』の大合唱が起きました。阪神ファンの中に「横田慎太郎」は、強い存在感を放ち始めていました。

オープン戦が始まると、今度こそ私も甲子園のスタンドに参りましたが、背番号24番のユニフォームを着たファンがとても多いことに驚きを隠せませんでした。その中には若い女性もたくさんいて、母としてはなんだか気恥ずかしく、そう言いつつも、自分も売店に直行して24番のユニフォームを手に取り、一緒にいた真子に苦笑いされてしまうのでした。

試合後に慎太郎と合流し、西宮で食事をすることも何度かありました。慎太郎は無口に見られがちですが、私や真子とはかなり喋っていたと思います。試合で活躍できた後などは興奮しているのか、その日の試合やベンチでの出来事をよく話しました。

それに加え、純粋でロマンチックな一面も持っていました。

ある夜、真子と3人で食事していた時のことです。

「明日、プレゼント何がいい?」

ふいに慎太郎が真子に聞きました。明日は、真子の誕生日です。

「プレゼントか……」

娘はリアリストで現金主義。普段から弟に「打てるうちに打って、稼ぐだけ稼いでね」と忠告するくらいですから、この時も真剣に考えたに違いありません。

「時計」

パッと笑顔になって真子は言いました。

「腕時計。可愛くて機能的なやつ。仕事で着けられるような」

「……」

目を輝かせて見つめる姉に対し、慎太郎は黙ってじーっとその顔を見ています。あまりにも無言で見つめられるので真子は怪訝《けげん》な顔をして首をかしげました。

「え、時計じゃだめ？」

「俺、プロ野球選手だよ？」

「うん」

「こういう場合はさ、もっと」

「何？」

「もっと、こう……」

「何よ」

慎太郎は痺《しび》れをきらしたように溜息をついて、

「ホームランでいい？」

「え？」

「ホームランでいいよね」

と一人で念押しして納得すると、さっさとご飯を口に運びました。

「え、何それ？」

真子は腑《ふ》に落ちない様子でしたが、慎太郎は何も答えずそのまま食事を終えました。

まさかホームランをプレゼントする、などというキザなことを考えているのだろうか……と思いましたが、プロの試合でそんなこと、簡単にできるわけはありません。

しかし翌日の試合。

慎太郎はあっさりと、本当に、ホームランを打ったのです。

これには真子もびっくりしてすぐに弟に電話しました。

「ごめん……。時計とか言っちゃって……」

(しばらくして、慎太郎は私の誕生日にもまったく同じ質問をしてきましたので、私は迷わず「ホームラン！」と答えてやりました)


その年の3月25日。

京セラドームでシーズンが開幕した時、ついに慎太郎はスタメンに選ばれました。開幕戦ですから、真之も一緒にスタンドに行きましたが、直前になってスタメンであることが分かりました。

「2番センター、横田慎太郎！」

満員のスタジアムに慎太郎の名前がコールされ、息子がグラウンドに飛び出してくると大歓声が起きました。

「慎太郎ー！」

私も夢中になって叫びました。やはりシーズンが開幕すると、オープン戦や練習試合とは、まったく空気感が違っていました。球団と球団の勝負はもちろんのこと、一人一人の選手の活躍が大きくクローズアップされ、選手個人の気迫も桁違い。数多くのスター選手が競演を繰り広げる中で、慎太郎も確実にその一人にのし上がろうとしていました。

しかし、立ちはだかるプロの壁は予想以上に分厚かったのです。

「ゴロ製造機だね」

打席に入っては内野ゴロばかりで不発の慎太郎に、真子はそんな意地悪を言い、本当のことなので何も言い返せない慎太郎はムッとしたまま、

「これから、これから」

と、私の口癖を真似て言いました。

「お母さん、今、頭痛薬持ってない？」

この頃、何気なく慎太郎からそう聞かれたのを、今になって思い出します。

「どうしたの、風邪？」

「ううん、風邪じゃないけど、頭が痛い」

「どうして？」

「分からない」

それまで、熱もないのに頭が痛くなることなど慎太郎にはなかったことなので、少し引っかかりました。が、その時は私の片頭痛用の市販薬を手渡してやり、その会話のことは忘れてしまいました。

どうして、あの時に気づいてやらなかったんだろう。

今でも、後悔する時があります。

もしあの時点で検査していたら、もっと早く発見できて、もっと良い手を打てたかもしれない。あんなに苦しまずに済んだかもしれない。少なくとも、もう少し野球を続けられたかもしれない。考えまいとしても、無数の後悔は音もなく思い出を悔いの色に染めてしまいます。でも、今となっては、すべてが運命だったのだと思うしかないのです。

「2番センター、横田慎太郎！」

スタジアムでコールされた瞬間の輝かしい栄光と同じく、悪夢のようなこの先の旅路も、息子の人生の一部であることを受け入れるしか、救われる方法はありません。

第二章　奇跡のバックホーム

あの日を、忘れません。

２０１７年２月。一本の電話が私たちの長い長い旅路を告げる汽笛のように鳴り響きました。

慎太郎は前年のシーズンを不完全燃焼に終えたものの、年が明けてすぐに一軍の沖縄での宜《ぎ》野座《のざ》キャンプに呼ばれていました。今年こそは、とやる気を奮い立たせていたそうです。

私は仕事が休みで朝からのんびりと家におりました。夕方から買い物にでも出かけようか、と思っていた時のことです。スマホに着信がありました。画面に慎太郎、の文字。

あまり良くない知らせのような予感がしました。そのような予感がした時は、とっさに元気に振る舞ってしまうのが私の癖です。

「あら、慎太郎！　どうしたの、元気？」

『あ、うん、元気』

電話口の慎太郎が言葉に戸惑った感じがしました。

『今日さ、病院行った』

「あ、そう。怪我？」

『ううん』

「なに」

『脳腫瘍だって』

一瞬、何を言ったのか分かりませんでした。

「え、なに？」

『の……』

それっきり、慎太郎の言葉が途切れました。心臓がドン、ドン、と内側から叩くように鳴り始めました。いったいなんなのだ、のう、しゅよう？

『もしもし、お母さんですか？』

耳慣れない男性の声が聞こえました。球団のトレーナーの方でした。

『すみません、本当に突然なのですが、大阪までいらしていただくことはできますか』

頭の中ではグルグルとさっきの慎太郎の言葉が渦巻いて、電話の向こうの声がよく耳に入りません。息子はいったいどうなってしまったのだろう。

『では、お待ちしております』

時が止まったようでした。考えることができず、動くこともできません。心臓はドクドクと鳴り続けています。

「とにかく……」

真之の番号を押しました。飛行機を手配しなければ……真子にも連絡しなければ……。

「お父さん。今すぐ帰ってきて……」

前年の夏頃から慎太郎の原因不明の頭痛は次第に激しくなり、夜も眠れないほどになり、暮れ頃から目にも異常が見られるようになっていました。視界に黒いラインが入る、ボールが二重に見えるといった症状で、キャンプ中もミスを繰り返し、様子がおかしいと悟ったコーチが練習を中断させて病院に行かせたそうです。

事情を知って飛んで帰ってきた夫と共に、その日のうちに飛行機に乗り、大阪へ向かいました。慎太郎と顔を合わせたのは、大阪にある大学病院の待合室でした。キャンプを離脱し、大阪に戻って再度、精密検査を受けたとのことです。

病院の大きな自動ドアを抜けると慎太郎の担当スカウトだった田中秀太さんが待っていてくださり、私たちに駆け寄ってきました。

「どうぞ、こっちです」

秀太さんは泣き出すのをこらえるかのような表情で、急ぎ足で案内してくださいました。診察室の前のソファに座っている慎太郎は、じっと目を閉じていました。

「慎太郎」

声をかけるとハッとこちらを向き、立ち上がりました。一瞬、笑ったようでした。よく日に焼けた顔、たくましい体つき、伸びた背筋。この子のどこに病気があるの、と腹立たしいような気持ちになりました。

「大丈夫だからね」

近づいてそう言いますと息子は目を潤ませました。よく見ると、目の周りが腫れています。ああ、泣いたのか。たくさんたくさん、泣いたんだな。

「大丈夫だから」

ほどなくして診察室に呼ばれ、精密検査の結果を3人で一緒に聞きました。

「いったん、野球は忘れましょう」

担当医の言葉に、慎太郎は、少し口を開いた状態で、じっと先生の顔を見つめていました。目が左右に動いて、焦点が定まりません。何か言いたいのでしょうが、なんと言えばいいのか分からずにいる様子です。先生は続けてこれからの治療法を説明してくださいました。手術を2回行うこと。ひとまず応急処置のための手術、そして開頭での腫瘍摘出手術。この手術の後、再発させないための抗がん剤治療、放射線治療と続き、退院までに半年ほどの時間を要するだろうと。想像もしたくないような恐ろしい用語が次から次へと飛び出して、私はもう逃げ出したくなっていました。

「慎太郎は」

夫がふいに口を開きました。

「治りますか」

先生は頷きました。

「一緒に治しましょう」

すると、押し黙っていた慎太郎が急に大きな声で言いました。

「先生、僕は野球がしたいんです」

一瞬言葉に詰まったように、先生は慎太郎を見つめました。

「治っても、野球ができる体でないとダメなんです」

野球ができる体。筋力と体力が充分にあり、すべての神経が健康に整った状態の体。

「野球ができる体にしてください。神経は一本も傷つけないでください」

驚くほどにはっきりと、慎太郎は言いました。先生は黙ったままでした。

命が助かるかどうかの瀬戸際に、どうして野球のことなど考えられるのだろう。しかし息子は真剣でした。まっすぐに背筋を正して先生を見て、これだけは絶対に譲らない、といった構えでした。この強さは、いったいどこから来るのでしょう。

「分かりました。もう一度野球ができるようにします」

ついに先生がそう言うと、慎太郎は「お願いします」と頭を下げ、唇をぎゅっと噛みしめました。

この時、この大学病院に阪神球団のチームドクターがいたことでスムーズに治療ができたそうなのですが、それだけではなく、球団の方が慎太郎をなんとか助けたい、と手を尽くしてくださったおかげでスムーズに入院できたことを後になって知りました。慎太郎が誰からも期待されていて、チームの主砲として戻ってきてほしいのだという球団の想いを受けた病院は、医療チームを編成し、全力を尽くすことを約束してくださいました。

慎太郎はこうして、球団からの全面的なバックアップのもと、「必ずグラウンドに帰る」ことを前提に治療をスタートさせたのです。

慎太郎を一人で頑張らせることは、最初からまったく考えておりませんでした。

「この部屋で私も寝泊まりします」

最初、病院のスタッフの方は驚いたようで、それはできないと言いました。これまでどんなに近しい家族でも、ずっと寝泊まりしている付き添いはいないというのです。

「でも、世話をする人間がいないといけませんから」

「皆様、毎日通って来られていますよ」

「通いでは、夜中は一緒にいられませんよね？　本当に必要なのは、夜だと思うんです」

「夜勤のスタッフがおります」

「スタッフの方は、この子一人に付きっきりというわけにはいかないでしょう」

「ですが……」

病院側もさぞ困ったことでしょう。しかし私の決意は揺らぎませんでした。慎太郎がこの現実に耐えるなら、私にできることは一緒に耐えること。そして一緒、というのは、心も体も常に一緒にいなければ意味がない。傍にいなければ、と強く思ったのです。私の異様な熱気が伝わったのか、最終的に病院は許可してくださいました。

話を聞いた真之はさすがに「本気か？」と驚きました。

「本気ですよ。仕事も辞めます」

この頃、真之は学生野球資格回復研修制度を通じて日本学生野球協会から資格回復の適性を認定され、2016年の4月から鹿児島商業高校の野球部のコーチを務めておりました。真之にとっても夢の一つだった甲子園を、今は生徒の皆さんと共に目指す日々を送っていて、私は真之がふたたび野球の表舞台に立てたような気がして喜んでおりました。その責任もあり、真之は鹿児島に帰らねばなりませんでした。何より一家の大黒柱が仕事を辞めてしまっては入院費も払えません。あまりの出来事に、お金の計算などする余裕はありませんでしたが、半年間の入院と治療に要する費用も用意しておかねばならないのです。

「そうか……お母さんが倒れないようにせんとな」

「私は大丈夫。絶対に、大丈夫です」

こうして、慎太郎との二人三脚が始まったのです。


2月半ば。有休をとって大阪にやってきた真子が、スポーツ新聞を携えて病室に入ってきました。慎太郎は1回目の手術を翌日に控えており、食事の後で少し眠っていたので、私は真子とロビーに出ました。真子は私のために着替えや、こまごまとした生活必需品を持って来てくれていました。

「体調不良、だけしか書いてない」

真子がスポーツ紙を広げて言いました。

「現段階では、病名は公表しないことになりそうです」

そう秀太さんから聞いていましたが、さりげなく『横田、体調不良のため欠場』と書かれた小さな記事に、安堵と虚しさが同時に押し寄せました。

「お母さんは大丈夫なの？　睡眠とか……」

「思ったより快適よ」

入院して1週間以上、私は毎日慎太郎のベッドの横のソファで眠っておりました。

「病院内にコンビニもレストランもあるし、不自由ないわよ」

「倒れないでね」

真子が念を押すように言いました。

2月16日。1回目の手術の日。朝から慎太郎はまったく食欲がありませんでした。

「ほんの少しおでこを切って、内視鏡を入れます。2時間程度で終わりますよ」

先生は事もなげにおっしゃいましたが、慎太郎は完全に震え上がりました。

「おでこを、切る!?」

血の気が引きますが、それでも治療としてはまだ序盤。ここからもっと過酷なことが待っているかと思うと心が萎《な》えます。ですが、

「麻酔があるんだから、寝てるだけでなんにも感じないわよ」

と、笑って言いました。

実際、この手術はあっという間に終わりました。あんなに怖がっていた本人も、終わってみ

ると案外ケロリとしていて、術後2日目の朝などは、5時にゴソゴソと起き出してトレーニングウェアに着替えています。

「どこいくの？」

「走ってくる」

飄々とした顔で病室を出ていきました。この手術のおかげで、不快だった目の症状や肩こりなどがすべて消えていたので、安心したのだと思います。

「ちょっとでも動いておかないと、このまま練習に合流したらおいていかれるから」

ジョギングを終えて戻ってきた慎太郎は、次は床に座ってストレッチを始めます。

「でもね、慎太郎。まだ退院はできないわよ」

「もう元気だよ」

「あと1回、手術しないとだから」

「え？」

最初の説明をすっかり忘れてしまっていたのか、慎太郎はびっくりして私を見つめました。今の手術はただの応急処置、本番は次なのだと言うと、一気にげんなりしてしまいました。

「マジかよ……」

「まあ、次もどうせ寝てるだけだから、平気よ」

私は笑いながら自分の朝食の支度を始めました。

2回目の手術は3月30日に予定されていました。

手術までは特に治療もなく、慎太郎は毎朝ジョギングをして部屋でストレッチし、昼間は見舞いの球団関係の方との面会や、来客のない日はスマホでチームの動画を見たりして、比較的忙しく過ごしていました。しかし、さすがに手術前日ともなると、否応なしに緊張が高まってナーバスになり、口数も減っていました。いったん鹿児島に帰っていた真之が、ふたたび病院へやってきました。

「野球部はいいの？」

慎太郎が鹿児島商業の部員たちの心配をすると、夫は「みんな俺がいなくても頑張って練習してるよ」と答えました。心なしか、父が来てくれたことが慎太郎は嬉しかったようです。その日の夜は、二人とも野球の話ばかりをしておりました。

翌朝9時。

看護師さんが迎えに来て、慎太郎は立ち上がりました。私は慎太郎の手を握りました。緊張のためか、その手が冷たくなっています。

「では、いきましょうか」

看護師さんがそう言った瞬間、なぜか「もし失敗したら」という思いが一気に押し寄せました。もし手術が失敗して、意識が戻らなかったらどうしよう。そのまま目覚めることなく……。最悪な事態を想像して不安でたまらなくなり、握った手を一層強く握りました。

「行ってきます」

慎太郎は私の気持ちを察したのか、手を握り返して優しく離すと、看護師さんの後について廊下を歩き出しました。

「頑張れよ！」

「待ってるからね」

戻ってきて。絶対に戻ってきて。野球なんかできなくなったっていい。生きてさえいてくれたらいい。それだけでいい。神様、お願いします。お願いします。

それから、真之と二人でただ、待合のソファに座っておりました。1時間、2時間、3時間、と刻々と時間は経っていきます。昼時を過ぎても、食事のことなど思い出しもしませんでした。15時頃、真子から状況を聞く何度目かのLINEメッセージが届きました。手術はまだ終わりません。16時になると、気持ちがソワソワし始めました。しかし17時になっても18時になっても、いっこうになんの連絡も来ません。19時を回った頃、どうしようもなくなり、ナースステーションに向かいました。

「あの……手術はどうなっていますでしょうか、始まって10時間経っていますが……」

「まだ続いています、大丈夫です。安心してください」

その看護師さんの笑顔に人心地がつきました。気がつけば、自分の手を強く握りしめていたのか、手の甲にくっきりと爪の痕《あと》がついていました。

夜は更けていきます。24時を回り、さすがに心配した真子が「どうなってる？」と電話をかけてきました。私も真之も、一滴の水も飲んでおりません。トイレにも行っておりません。体の機能が麻痺してしまったかのようでした。

時計が3時に近づいておりました。ふいに、手術中のランプが消えました。

「終わった……!?」

待っていますと額に汗をにじませた先生が入っていらして「成功です」とおっしゃいました。

その一声で、一気に体の力が抜けていきました。

腫瘍はまだ初期の段階だったのですべて摘出できました。そう先生はおっしゃいました。私も夫も何度も何度も頭を下げました。

「ありがとうございます……!」

神様、ありがとうございます。

病院の先生方、看護師の方、皆様全員を拝みたいような気持ちでもう一度頭を下げました。

手術室からベッドに横たわった状態で出てきた慎太郎は、まだ麻酔が切れておらず、昏睡状態でした。顔は鬱血《うっけつ》してパンパンに膨れ、まるで別人のようです。その姿を見た瞬間、涙が込み上げてきました。頑張ったね、本当によく頑張ったね。偉かったね。そう言って優しく撫でてやりたい。

「ありゃ違う人だな、慎太郎じゃないよ」

隣で真之がボケたことを申します。この期に及んで天然さを発揮しなくてもいいのに。

「慎太郎です」

「いや、顔が全然違う」

「慎太郎ですって！　よく見てください」

さすがに腹が立って声を荒らげると、看護師さんも「慎太郎さんですよ」と苦笑いをしました。病気というものは恐ろしい、思わずそう思いました。その人の顔かたちや、人間性まで、まったく違うものに変えてしまう。太陽のように健康で、愛嬌もある慎太郎は今、別人のようになって横たわっています。けれど――。

どんな姿になっても、一緒にいよう。

強く思いました。これからどんな体になっても、見た目や、彼の性格や行動が変わっても、慎太郎は慎太郎。その魂だけを見続けていよう、と。


その日の昼間、ぼんやりと慎太郎の意識が戻ってきました。

私はずっとベッドサイドに腰掛けて、様子を見ておりました。手術が終わってもろくに食事は喉を通らず、かろうじて水分だけはとりながら、夫とかわるがわる息子を見守っていたのですが、彼がわずかに首を振り、目を開けようとしているので慌てて「慎太郎！」と呼びかけました。

「うん……」

「よく頑張ったね」

「うん……」

息子は目を開かないまま、ぼんやりとした声で答えます。

「痛かった？」

「ううん」

「眠ってた？」

「うん……、海の中にいた……」

「海？」

「うん、海の中で、魚と泳いだ。……気持ちよかった」

慎太郎はそう言って、また眠りに落ちていきました。

それからしばらく経ち、もう一度慎太郎が目を覚ましました。今度は大きな息をフーっと吐き出し、はっきりと目を開けました。

「慎太郎」

息子は何度か瞬きをしました。天井をじっと見上げています。

「起きたか」

隣にいた夫もその顔を覗《のぞ》き込みました。慎太郎は、いっそう目を見開いて天井を見つめました。私の声も、夫の声も、聞こえていないかのように目の奥に力がありません。何かが変だ、私は思いました。

「見えない」

次の瞬間、慎太郎が呻《うめ》くように言いました。

「え？」

「見えない……見えない……」

何度も瞬きをしながらしきりに天井を見つめています。

「慎太郎！」

「見えないって、なんだ」

「見えない、なんにも見えない！」

強く呻きました。

「大丈夫、大丈夫だから！」

「見えないよ！」

夫が看護師を呼び、続いてすぐに先生が入ってきました。先生は穏やかに、

「一時的な後遺症です。安心して」

と、慎太郎を落ち着かせようとしましたが、息子は暴れ出さんばかりに言いました。

「どうすればいいんですか。見えなかったら野球できません、野球できなかったら、僕はどうすればいいんですか！」

「いずれ見えるようになりますから……！」

先生の言葉を聞きながらも、慎太郎の体は震えていました。

恐怖よりも、やり場のない怒りに満ちていたようでした。

手術前の誓約書には、術後の後遺症について書かれた項目があり、説明を受けていました。

でも、まさかここまでの事態になるとは、彼自身も想像していなかったことでしょう。この時、

彼はほとんど何も見えず、声のするほうを見ても誰だか分からない、すぐ傍に何があるかも分からない真っ暗闇に突き落とされてしまったのです。

「大丈夫、大丈夫」

呪文のように繰り返しながら、私は自らの恐怖心を抑えつけるように、ただひたすらに慎太郎の手を握っていました。

日が落ちても、慎太郎はショックのあまり、ただじっと天井を睨み、動けない体を震わせておりました。

涙すら、流れませんでした。

私はどんな姿になろうと息子は息子である、変わりはないと思っていましたが、突然視界を奪われた息子にとっては、それすら悠長な言い分だったことでしょう。

なぜ自分がこんな理不尽な仕打ちを受けねばならないのか。

物言わぬ横顔が、怒りに染まっていました。

たしかに命は助けてもらった。

しかしこれから歩む道は、先の見えない、真っ暗なトンネルになってしまった。

この傷ついた横顔を、あの京セラドーム開幕戦の日に想像できただろうか。満員の観衆の中、輝かしい未来に向かってこの子がバットを振ったのは、つい去年のことじゃないか。

「どうして……」

何度も言うまいと思ってきた言葉が口をついて出てしまいました。

「どうしてこんなことに……」

喉の奥に、つっかえていた何かが迫《せ》り上がるような感覚に襲われ、私は慌てて立ち上がりました。そっと病室から出てトイレに行こうと思ったのですが、なぜか廊下の先のエレベーターに飛び乗りました。

病院の最上階には、展望台があります。話には聞いていましたが、一度も上ってみたことはありませんでした。思いつくままに展望台のフロアに降りた私の目に飛び込んできたのは、眼前に広がる美しい大阪の夜景でした。

窓ガラスに近づくと、遠くに観覧車と太陽の塔が見えます。そしてちょうど満開の造幣局の桜。ライトアップされて白々とした姿を浮かび上がらせています。あの有名な桜並木の下で、今頃大勢の人々がお花見をしていることでしょう。

「綺麗……」

そう言った瞬間、こらえていたものが溢れ出しました。喉の奥から塊のようなやりきれなさがぐっと迫り上がって噴き出しました。涙があとからあとから流れ落ちました。泣いちゃいけない、泣いちゃいけない、と心で言い聞かせながら、それでも止めることができません。

世の中は私たち家族の苦しみを置き去りに、何事もなかったかのように流れていきます。

健康であることを当たり前のようにして、ただ夢を追いかけて笑ったり怒ったりしながら過ごしてきた毎日から、こんな風に一気に変わってしまうことがあるのか。ついこの間までいた世界と、いま自分がいる世界があまりにも違いすぎて、その絶望にこの先、耐えられるか分からない……。

いったいどうしたらいいのだろう。

白く光る桜並木を見つめながら、ただ涙が流れるに任せていました。泣くだけ泣いてしまうと、少しだけ落ち着いてきて、周囲にもちらほらと人影があることが目に入ってきました。

車椅子に座った入院患者らしき人、その家族の姿も見えます。彼らも言葉少なに、大阪の夜景を眺めています。あの人たちも今の私のように、世の中から取り残されたように感じているのだろうか。眼下に広がる〝普通の生活〟を、遠く、愛おしく感じているのだろうか。

たしかに、病気になることは苦しい。けれどもっと苦しいのは、これまで当たり前にできたことができなくなることなんじゃないだろうか。好きなことを取り上げられ、生きる意味を見失うことなんじゃないだろうか。

だとすれば、今私のやるべきことは、暗闇を彷徨《さまよ》う慎太郎に光を見せてやることだ。それがこの子を預かった使命なのかもしれない。

慎太郎にこの夜景を見せよう。必ず見せよう。

それまでは絶対に泣くまい。

もし、泣きそうになったら、笑ってやろう。

私は踵《きびす》を返し、病室へと急ぎ足で戻りました。

そっと病室の扉を開けると、薄明かりの中で慎太郎がこちらを向いたのが分かりました。

「お母さん」

慌ててベッドサイドに駆け寄りました。

「なに？　慎太郎」

慎太郎は、薄目を開けてぼんやりとしていました。

「いるなら、いい」

そう言って瞼を閉じ、眠りに入りました。

「ここにいますよ」

呟くようにそう言いました。そしてそっと我が子の頬を撫でました。


それから約2か月という長い間、慎太郎の視界は暗いままでした。

先生や看護師さんから「時間が経てば見える」と言われ続けていましたが、息子はこの閉ざされた暗闇を彷徨っている間、とても無口で、何を考えているのかまったく分かりませんでした。食事もトイレに行くのも私が手を貸しました。おそらくそれも最初は嫌だったのでしょう。しかし見えなければそれすら一人ではできません。

このままでは体より先に彼の精神が参ってしまう、と思った私は、風や匂い、音など、より強く感じることができるように、慎太郎を車椅子に乗せて病院内の庭や、あの展望台にも連れて行きました。そして歩きながら、

「すぐ見えるようになるからね、大丈夫よ」

と呪文のように繰り返していました。そうやって自分を奮い立たせるだけでなく、「見える

ようになる」と言霊を使って現実を引き寄せようとすら思っていました。

最初の頃はどこへ連れて行っても慎太郎の表情はこわばったままでしたが、庭で穏やかな風に吹かれるのは好きなようでした。じっと気持ちよさそうに目を閉じているので、

「ここの風は甲子園からの風だもんね」

と言いますと、

「さすがにそれはないでしょ」

とあっさり言い返されてしまいました。

術後1か月は傷口がまだ完全にはふさがっておらず、寝ている間に慎太郎が傷口を掻《か》いたりしないように、寝る時は互いの手首を輪ゴムで繫ぎ、鈴をつけました。慎太郎が手を動かしたら、起きて手を傷口から離すためです。最初の頃はしょっちゅう鈴が鳴り、私はまるで夜泣きの赤ちゃんを抱える母親のように、毎晩睡眠不足に陥りました。しかし傷口から雑菌が入ってしまうとまた手術せねばならないと聞いていたので、もう二度とあんな大変な思いはさせまいと必死でした。

慎太郎がナーバスな状態であることを、球団の方もよく承知していましたので、この期間はお見舞いを遠慮くださっていました。私のほうには「様子はどうですか」と連絡が入りますし、病院からも随時報告が上がっていたとは思いますが、何も知らされていなかった慎太郎は、球団の人が誰も来なくなったことにひどく不安を覚えているようでした。

「契約、切られるかな」

ある時、ベッドの上でそう呟きました。

「まさか！　治療だってこんなにバックアップしてくださってるじゃないの」

「でも、最近誰も来なくなったし……目が見えなくなってから」

「それは……」

言いかけてハッとしました。このまま本当に目が見えなければ……契約は確実に打ち切りでしょう。もしそうなったら、慎太郎はいったいどうなってしまうのでしょう。

「大丈夫よ」

そう口では言いましたが、不安も致し方ない、と思いました。もう1か月以上も見えない日が続き、最初はあった希望も日に日に削られ、息子の中では「ずっとこのままかもしれない」という不安と恐怖が確信めいたものになってきているようでした。

一方、シーズンが開幕してもいっこうに姿を見せない慎太郎について、阪神ファンの間で様々な憶測や心配の声が持ち上がっていました。依然として球団は情報を外に出さなかったので、SNS上では、精神的な病ではないか、もう引退するんじゃないか、とまで騒がれるようになっていたのです。それと同時に、慎太郎を心配する多くのファンの方々からお見舞いの品やお手紙が毎日のように虎風荘に届くようになりました。

ある時、寮長さんがパンパンに膨らんだ紙袋を2、3個抱えて病院まで来てくださいました。

「ファンレターがあんまりたくさん届くんで、たまりかねて持ってきましたわ」

そう言って紙袋から取り出したのは、大量のお手紙やお見舞いの品々でした。

「慎太郎、ファンの皆さんから手紙届いたよ！」

「え……」

慎太郎のベッドに手紙の束をのせて手で触らせてやると、その数に驚いたようでした。

「こんなに……？」

私はベッドサイドに腰掛け、最初の一通の封を切りました。

『一日も早い復帰を祈っています』

私は丁寧に書かれた手紙の一言一句を音読していきました。一通目を読み終わると、次の一通を開封しました。

『どんな状態か分からないけれど、横田さんが帰ってくるのをいつまでも待っています』

一通一通、開いては閉じ、開いては閉じ、声に出して読んでいくうち、胸にこみ上げるものがありました。手紙のほとんどが手書きで、小さなお子さんから若い女性、ご年配の男性、主婦、高校球児に至るまで様々な年齢層の方々が心を込めて書いてくださっているのが伝わりました。その文面から、込められた慎太郎への想いや願いがひしひしと伝わってきました。慎太郎の似顔絵を描いてくださる人や、千羽鶴を折ってくださる人もいました。なんと息子は愛されているのだろう。こんなに多くの方から応援されているのだろうと、胸が熱くなっていきました。時が経つのも忘れて読み続け、ふと顔を上げますと、目を閉じてじっと聞いていた慎太郎の目からは、静かに涙が流れていました。

「慎太郎」

手を止めて、そっと慎太郎の手を握ってやりますと、涙はあとからあとから流れて頰を伝い、ベッドの布団の上にぽたぽたと落ちていきました。傷だらけで、顔も青白く、次第に痩せ始めている体をさすりながら「良かったね」と繰り返しました。

一日では読み切れない量の手紙を何日もかけて読み、しばらくするとまた寮長さんが新しく届いたものを持ってきてくださる……そんなことが繰り返されました。日が経つごとにファンの方々からのお声は強く大きくなり、お手紙もたくさん届くようになりました。その時は知りませんでしたが球団のSNSやホームページには、さらに多くの声が寄せられていたそうです。

ある日、穏やかに晴れていたので車椅子を押して庭に出ました。

季節は5月になっていて、暖かな木漏れ日が風に揺れています。慎太郎は春風に耳を澄ましながら、空に向かって目を開きました。

「お母さん」

久しぶりに息子の声は凛としていました。

「俺、やっぱり野球やる。この目標からは、絶対に逃げないことにした」

私は驚いて慎太郎の顔を見つめました。

「このまま視力が戻ってこなかったとしても、諦めないでいたら、いつか必ずできる日が来ると思う。それが目標。目標は絶対、達成する。ずっとそうしてきたし。病気より、目標を成し遂げる力のほうが強いんだって、俺は実証したい」

風が、慎太郎の言葉をすくい上げて空に舞わせるように吹きました。


病気より、目標を成し遂げる力のほうが、強い。


子どもの頃から一つ一つの目標を着実に達成し、積み上げてここまで歩いてきたことは、誰よりも私が一番よく知っています。慎太郎にとって目標とは、そうなったらいいな、というレベルのものではありません。必ず達成する、という確実な未来なのです。今、彼はこれまで設定してきた中で最も難しく、大きな大きな目標に向かって、一歩を踏み出そうとしているのです。きっと息子はやるでしょう。誰が何と言おうと、達成するでしょう。不可能を可能にしてみせるでしょう。

だって、昔からそういう子なのですから。

「慎太郎なら、やるだろうね」

私の言葉に慎太郎は笑いました。そう、笑ったのです。手術以来初めて。暗闇の世界でなお、〝目標〟を見出して初めて、笑うことができたのです。

それから数日後の朝。

いつものように私がブラインドを開け、自分の朝食の支度をしていますと、目覚めた慎太郎が、窓のほうをちらりと見て眉をしかめて言いました。

「眩しい。ちょっとブラインド下げて」

「あら、ごめん」

私は何気なく答えてブラインドに手をかけました。

え？　今なんて言った？

「眩しい？」

「うん、下げて」

「眩しいの？　光、見えるの？」

私は驚いてブラインドを上げたり下げたりしました。慎太郎は呆れました。

「何やってんの？」

「だって光見えるんでしょ⁉」

「明るくなったり暗くなったりする……けど……」

「凄い！」

思わずはしゃいでいると看護師さんが入ってきて怪訝な顔をしました。

「どうしました？」

「慎太郎が、眩しいって言うんです！」

それは良い兆しだ、と看護師さんは急いで先生を呼びに行ってくださいました。入ってきた先生も、光を感じたら見えるようになる時、ここからどんどん視力は戻ります、と笑顔で言いました。慎太郎はこの言葉が心底嬉しかったようで、今度は自分から「ブラインド動かして」とせがんで、私たちは延々とブラインドを上げ下げしておりました。

まさに希望の光が、慎太郎の目に射し込んだのです。

そこからの回復は目覚ましいものがありました。少しずつ少しずつ視界が広がり、目の前にあるものが見えるようになり、私の顔が見えるようになった時には、もう私が嬉しくて嬉しくて泣き笑いをしてしまいました。

「なんか、お母さん痩せたね？」

「そうなの、ちょうどいいダイエットよ」

ちなみにどうでも良い話ですが、慎太郎が発病した当時、私は体重が80キロほどありました(慎太郎が高校生の頃は90キロ……)。身長も低いほうではありませんから、ソファで寝るのは正直かなりきつかったのですが、それが幸いしたのか、どんどんスリムになっておりました。

球団の方々は、慎太郎の目が見えるようになったと聞くと、待ってました！　とばかりに大勢お見舞いにいらっしゃるようになりました。仲良くしてくださっている選手の方々、お世話になっているコーチの方々、そして金本監督までもが、差し入れを持って訪ねてくださいました。皆さんの心がただありがたく、頭を下げることしかできませんでしたが、賑やかになった病室に〝人間らしい〟生活が戻ってきて、慎太郎はやっと安心したようでした。

ある日、秀太さんが顔を紅潮させて病室を訪れ、入ってくるなり、

「決まったぞ！」

と叫びました。ベッドに腰掛けていた慎太郎は秀太さんを見て、びっくりして口を開けています。秀太さんは構わず慎太郎に近づくと、

「球団は24番を空けて待つ。横田、絶対に帰って来いよ」

息子はただ、ただ、秀太さんの顔を見つめていましたが、次の瞬間、

「ありがとうございます……！」

と頭を下げました。

24番を空けて待つ。

契約を切らず、選手としての復帰を信じてくれた阪神球団の結論に、私だけでなく真之も真子も心から感謝しました。特に真之は球界の厳しさを知っているだけに感動もひとしおでした。

病室を出たところで、そっと秀太さんに、

「本当に、球団さんは大丈夫なんですか」

と聞きますと、静かに微笑みました。

「もちろん先のことは分かりませんし、本当に復帰できる保証はないかもしれません。ですが、

我々は慎太郎くんが野球をやりたいと願う限り一緒に闘います。あいつから野球を奪うのは、病気だけで充分だ……」

この知らせは、慎太郎の心を元気にしてくれました。そしてその心の元気が何よりも必要でした。慎太郎は少しずつトレーニングを開始しました。見えない間も、病院内を歩いたり手足を動かして運動することを心がけていましたが、視界が戻ってきたことで、ストレッチや筋トレ、そしてボールを使ったトレーニングも自分なりに始めたのです。

「キャッチボール、付き合って」

晴れた日は庭に出て、3歳の時に使っていたふわふわのゴムボールでキャッチボールをしました。優しく投げたつもりなのに、慎太郎は怖がってよけてしまいます。

「ボールがよく見えない……」

最初は落ち込んでいましたが、2回、3回と投げるうち、だんだん感覚が戻ってきたようで、次第に普通にキャッチボールができるようになり、その戻りの速さに私が驚きました。


24番を空けて待つ。

この球団の決意は、慎太郎の心に深く響き続けていました。絶対に甲子園のグラウンドに帰る！　そのためなら、どんな苦しい治療でも乗り越えてみせると。

最初に抗がん剤治療を受けた時、慎太郎はとてもはりきっていたように思います。

一方、私のほうは怖くてたまりませんでした。抗がん剤の副作用の辛さ、ひどさは多くの人が語っています。倦怠《けんたい》感や吐き気で何もできず、横たわることしかできないといいます。

いったいどうなってしまうんだろう。息子は耐えられるだろうか。できることならそんな治療はしたくない。けれど、再発させないためにはやるしかない……。

1度目の投与は何事もなく過ぎましたが、2度目以降はやはり強い副作用が出始め、さすがの慎太郎も動けなくなってしまいました。投与された当日などはまったく力が入らず、ただ吐き気に耐えながら、ベッドにいることしかできません。私は隣で体をさすり、

「大丈夫、大丈夫。良くなるから、良くなるから」

と、またブツブツと呪文のように繰り返していました。

3度目の投与が終わった頃、洗面所で慎太郎が「あ!」と叫んだので、私は慌ててドアを開けました。手に大量の髪の毛がくっついていて、息子は口をあんぐり開けてそれを見ています。

「あ、抜けたんだね」

私はショックを隠しながら明るく言いました。

「うん……」

抜けるだろうとは分かっていたものの、こんなに一度に大量に……とは思っていなかった様子で、慎太郎は茫然としたまま動けずにいました。

「いいじゃないの、慎太郎ずっと坊主だったし」

「野球部とコレとはわけが違うでしょ」

「一緒、一緒! 髪なんかすぐ生えてくるわよ」

「他人事《ひとごと》だよね」

私があまり大事に取り上げないので、慎太郎はムッとしています。その顔を見て思わず笑いました。

「笑い事じゃないんですけど」

「ごめん、ごめん」

笑おう、笑おう。自分に言い聞かせました。私には何もできない。傍にいることしかできない。ただ触れてやることしかできない。できることなら、息子の苦しみを半分でいいからもらいたい。一緒に背負ってやりたい。この現実から二人で一緒に逃げ出したい。

それが叶わないなら笑おう、笑おう。

するとその日、鹿児島から真之が突然やってきました。

慎太郎とベッドサイドでファンレターの整理をしていた時です。真之はいきなり病室に入ってくると「よう」と言いました。

「え！」

慎太郎は父の頭を見て絶句しました。

「どうしたの、その頭！」

真之は坊主頭になっていました。

「うん、これな。久しぶりに俺も剃ってみた」

「見れば分かるけど、なんで」

「お前と一緒に闘うつもりでな」

真之は照れたのか、最後は小さな声になりました。慎太郎は何か言おうとして黙り、ふたたび口を開くと
「ありがとう」

と呟きました。目に涙が溜まっていました。それを見て真之も泣きそうになりました。ただ、私はどうしても真之の坊主頭が似合わなすぎることが許せず、

「慎太郎は若いからなんでも似合うのでいいですけど、あなた、これじゃお坊様ですよ」

「似合わなくったっていいんだ、これで」

「どうして早まっちゃったかしらね……いい歳して中学生みたいに剃らなくても……せめてスポーツ刈りにすれば」

「それじゃ意味ないだろう」

というやり取りを繰り返し、ついに慎太郎から「いい加減にして、うるさいから」と一蹴されてしまいました。しかしその日、丸坊主頭の二人が庭に出てキャッチボールを楽しんでいるのを見ると、やはりおかしくて涙が出るのでした。

治療が始まる前は、はりきっていた慎太郎ですが、度重なる副作用にすっかり萎えてしまい、放射線治療が始まる時には、かなり後ろ向きになっていました。

「やらないとダメなのかな」

治療室へ向かう前、そんな本音をわずかに呟き、しかしすぐに前を向いて廊下を歩き始めました。野球をやるためだ、と背中が語っていて、私は思わずその背中をさすりました。

治療室の前では、女の子が座っていました。高校生くらいでしょうか。大学病院には小児科があるため、子どもの患者さんも多くいらっしゃいますが、こうして俯いて座っているのを目にすると、こんなに若い体で……と痛ましくなります。

私は慎太郎に並んで、女の子から少し離れたところに腰掛けました。看護師さんから「すぐお呼びします」と言われ、慎太郎はますます緊張していました。

「大丈夫よ」

左手の甲をさすってやると、小さく「うん」と頷きました。

ふいに、どこからか音楽が聞こえてきました。

「なんか、音、しない?」

慎太郎が言うので見回すと、天井のほうから聞こえます。でも、スピーカーらしきものは見当たりません。よく耳を澄ますと、それは雅楽でした。

「なんだろ、これ。よくお正月に聞くよね」

息子は辺りをキョロキョロ見渡しています。病院で雅楽を流すなんておかしなものです。近所に神社があるのだろうか、と考えてみましたが、それにしてもはっきりと聞こえます。間違いなく、神社などで奉納される、あの音楽です。

「横田さん」

看護師さんが治療室から出てきて、慎太郎は立ち上がりました。雅な音楽に包まれて、慎太郎は治療室に入っていきました。そして、扉が閉まった瞬間、音楽はぴたりとやみました。

……？

私は隣にいた女の子に「今の、聞いた？」と話しかけてみました。

「なんですか？」

「今の、音楽。お正月とか結婚式とかに神社で聞くみたいなの。流れてたでしょう？」

「……なんにも聞こえませんでしたけど」

え？

あんなにはっきり流れていたのに？　しかし女の子が嘘をついているとは思えず、そのまま私は黙りました。

その後、慎太郎の治療が終わってから看護師さんにも尋ねましたが、病院でそのような音楽は流していない、とのことでした。しかし慎太郎と私は、はっきりと聞いたのです。あの体験がいったいなんだったのか分からないまま、その後も治療は続きました。

「もしかしたら」

ある夜、ベッドに横たわった慎太郎が言いました。

「やっぱり、あれは神様が来てくれたのかもしれない」

「ん？」

「最初の放射線の時。だって、副作用あんまりキツくないから」

たしかに。あれ以来、最初に聞いていた嘔吐などの症状も見られず、比較的普通に過ごすことができていたのです。治療の効果も良好なようでした。

「そうかもしれないね」

慎太郎の口から〝神様が来た〟という言葉が出るとは予想外で、驚きながらも私は頷きました。慎太郎の復帰を神様も応援してくれていると考えると、とたんに勇気が湧きました。この道で間違っていない、まっすぐ進みなさいと言われているようでした。

この時の私には知る由もありませんでしたが、病院でのこの現象は、ただの序章に過ぎませんでした。これを皮切りに、息子はこの後、もっと不可思議な体験を次々に引き起こしていきます。それは亡くなるまで続き、周囲を驚かせていきました。

今思い出しますと、慎太郎が見た不思議な現象というよりも、慎太郎自身が引き起こした〝奇跡〟だったように思います。私が自分のお腹を痛めながらも、自分の子ではない、どこかからお預かりした子であるという感覚は、もしかしたら彼のこうした説明のつかない力にあったのかもしれないのです。慎太郎と私たち夫婦が名付け、野球選手となった21歳の魂は、確実に、私たちが予想もしなかった道へと、歩み始めていました。

復活。

ミスタータイガースこと掛布雅之さんは、病室に来るとこう書かれた色紙を取り出し、壁際に立てかけました。

「横田。野球したいか」

掛布さんの言葉に、慎太郎は目を見開きました。

「したいです」

「うん、そういう目をしてるよ」

掛布さんは優しく慎太郎の傍に座り、言いました。

「野球に飢えてるな。ボールも、バットもグローブも、触りたくてたまらないだろ」

「はい」

「お前の凄いところはそこだよ。どれだけ体がしんどくて参ってても、目標を忘れないし、譲らない。そういう奴がドラマを作るんだ」

「ドラマ、ですか」

「横田、これからドラマを作ろうな」

ドラマを作ろうな。

復活のドラマを。

「野球、やりたいです」

復活。それが横田慎太郎の合言葉になりました。

球団から〝復活〟のための専任のトレーナー、土屋明洋さんが病院に来られることになり、本格的にリハビリを開始しました。それまでは私と廊下を歩いたり庭でキャッチボールしたりして体を動かしていただけでしたが、さすがにちゃんとしたリハビリとなると、体に痛みが生じたり、キツい、苦しいと感じることもあったと思います。軽いストレッチから始めたのですが、目があまり見えないために体を動かすことが怖くて硬くなっていたようです。

「しんどかったらちゃんと言えよ」

土屋さんは事あるごとに体を気遣ってくださいました。それでも、慎太郎は「大丈夫です」の一点張り。強張った表情を見れば大丈夫でないのは一目瞭然なのに。

「無理しないで、辛い時には辛いって言わないと」

病室に戻ってそう言うと、慎太郎は

「そんなこと言ってたら前に進めないから」

と不機嫌になりました。昨日よりも今日、今日よりも明日……一日一日、前進しないと大きな目標は達成できない。その息子のやり方は充分に理解していました、けれど。

「今は体を治すことが一番でしょ。野球はその次だから」

「違う。野球やるために体治すんだよ」

「逆でしょう」

「逆じゃないよ」

「とにかく無理はしないで」

「あのね」

息子は大げさに溜息をついて私を見ました。

「俺にとっては、無理じゃないから。目標のために必要なことは全部やる、これ、当たり前。

目は自分ではどうしようもないけど、体を戻すことは自分でできるから」

口出ししないで黙って、と言わんばかりの口調に何も言えなくなりました。でも、これが横田慎太郎なのか、と妙に納得した部分もあります。その流儀で学生時代もずっとやってきて、自分自身でプロ入りも摑んだのだから。だったら本人の思うまま、自由に進めばいい、と私も開き直りました。

「私ね、立候補してでも横田くんのトレーナーをやりたかったんです」

ある時、土屋トレーナーが話してくださいました。

「横田くんを復活させたいという話が出たときに、自分がやらなきゃ、いや、やりたいって強く思ったんです。横田くんが無事にグラウンドに復帰するのを見届けるまでは、私も諦めずに闘うつもりです」

手足もすっかり細くなり、体も硬くなり、目もろくに見えない状態を見ていると、いったいその日がどのくらい先になるのか、予想もつきません。そんな息子のために、自分の人生の一部を割いてくださる方がいる。そしてそれは土屋さんだけではなく、息子を救おうとしてくださっているすべての人がそうなのだ――。その事実は感謝よりもっと大きな深い感慨となって胸に迫りました。もしかしたら、復帰を一番信じられていないのは、この私かもしれない。いつも心配ばかりして、皆の心に燃えている火に水をかけているのではないか、と。

私は気持ちを切り替えました。

体のことは、もう先生や理学療法士の方がしっかりついて看《み》てくださっている。私が心配したところでどうにもならない。だとすれば、逆に私は応援団になればいい。そう、中学時代、コーチの一人のようになって毎日サポートしたように。あの頃は、体の心配より試合に勝つことと、活躍できることだけを考えていたじゃないか。だとしたら、今もそうすればいい。グラウンドに戻って走り回るあの子の姿だけを思い描いていればいい――。

そう決意して、私は眉間に皺《しわ》を寄せて「無理するな」と言うのをきっぱりとやめました。その代わり「今日もよく頑張った！」「偉いぞ」と繰り返すようになりました。

こうして慎太郎は慎太郎らしく、ただひたすらに前進を続けたのです。

夏の青空が、こんなに鮮やかにくっきりと、美しく見えた年はこれまでにありませんでした。悪夢のような半年間から解放され、私は世の中というものがこんなにも美しく、活気あるものなのだと実感しました。見るもの、行く場所、すべてが夏の陽差しに照らされキラキラと輝いて、すれ違う人みんなが優しく見えました。

私の人生で、大阪で過ごす夏も、これが最初で最後だったかもしれません。

何かあればすぐに病院に行けるようにと、大学病院からほど近いところにあるアパートの一室を借りて、慎太郎と私は虎風荘に戻るまでの約1か月間を過ごしました。半年近い病院暮らしの後で、いきなり野球選手の生活に戻れというのは無理な話ですから、徐々に元の生活に戻るためのウォーミングアップのようなものでした。

慎太郎は、それまで一人暮らしというものをしたことがありません。親元を離れた高校時代からずっと寮暮らしで、規律の中で暮らしてきましたから、病院の規則正しいサイクルには比較的適応できていたと思います。むしろ自分の時間を自由に使えるという状況のほうが新鮮だったのではないでしょうか。ましてや苦しい闘病を終えての自由の身ですから、心もさぞ開放的になっていたことでしょう。

近くのスーパーへ買い物に行く時は必ず一緒についてきましたし、普段あまり乗らないバスや電車にも乗りたがりました。はしゃぎすぎて少し熱を出してしまうこともあり、担当医から「ゆっくり、ゆっくり」とたしなめられたりしました。

夕暮れ時、ベランダで洗濯物を取りこんでいると、慎太郎がたたむのを手伝ってくれました。タオルの四隅をきっちり合わせて、折り目をつけて綺麗にたたんでいきます。大雑把な私がたたんだ物を、

「どうしてこうなるかな……」

と言いながら綺麗にたたみ直すので、「どうせ使うんだから」とムッとして言い返したりしました。そんな些細《ささい》なやり取りさえ、流れていく時間があまりに緩やかで、贅沢でした。

「寮に戻る日はマスコミにも知らせてありますから、取材があるでしょうね」

ある日、もう幾度となく様子を見に足を運んでくださっている秀太さんが言いました。取材、と聞いて初めて、ファンの皆様はどんな風に彼を迎えてくださるだろうか、と不安のような期待のような気持ちが込み上げました。秀太さんは慎太郎に、

「挨拶、考えておけよ」

とニヤリと笑いました。慎太郎はびっくりして、

「挨拶、ですか」

と、とたんにしどろもどろになりました。我が息子ながら情けないのですが、慎太郎は極度の口下手です。これは子どもの頃からで、家族や親しい人の間では普通に話せるのですが、大勢の前でのスピーチや、インタビューなどは極度に苦手でした。まったく言葉が出てこないのです。

「また〝ふがいない〟とか言うなよ」

「やめてください」

入団の記者会見の時、慎太郎が緊張のあまり「ふさわしい」を「ふがいない」と言い違えた事件は誰もが知っていて、当初から先輩方にかなりいじられていました（親としても本当に恥ずかしく、テレビで会見を見ながら私は思わず「馬鹿者っ」と叫んでおりました）。

虎風荘へ戻る日は9月3日。あと5日ほどしかありません。

「大丈夫？」

秀太さんがお帰りになった後でそう聞くと、

「うん」

と、短い返事。

「まだしんどいなら、戻るの延ばしてもらったら？」

「大丈夫、これ以上待ったら戻れなくなるから」

慎太郎はこちらを見ないで、早口でそう答えました。きっと、まだ不安なのです。体力もさることながら目は万全ではありません。視力は1・5まで戻ってきたものの、視界がブレたり、物が二重に見えたりします。特に、向こうから飛んでくるボールが一個に定まって見えたことはなく、普通で考えればまともに野球ができる状態ではありません。しかし、一日も早くグラウンドに戻りたい、そう逸《はや》る心は抑えきれなかったのでしょう。

9月に入って、鹿児島から夫と真子がやってきました。慎太郎が寮に戻ったら、この部屋も解約するため、私は荷造りをしていました。慎太郎と真子は二人で何やら相談しながら駅前へ出かけ、ほどなく帰ってくると、慎太郎は手にしたケーキ屋の紙袋を、私の目の前ににゅっと差し出して言いました。

「誕生日、おめでとうございます」

9月3日。

虎風荘へは、二人でタクシーで参りました。阪神鳴尾浜球場に併設されているこの寮へ、その日私は初めて行きました。

門の前には、もう記者の方々が待っていました。

車を停めると、寮長さんが「おかえり!」と言いながら階段を駆け下りてきました。慎太郎の荷物を持ってドアまで運んでくださいます。チームメイトの皆さんも次々と出てきて「おかえり!」「頑張ったな!」と声をかけてくださいました。慎太郎は涙ぐみながら、

「ありがとうございます！」

と、皆さんに何度もお辞儀をして、一緒に階段を上り始めました。

「お母さんも、どうぞ」

寮長さんが笑顔で誘ってくださいましたが、私は首を振りました。

「いえ、私はここで」

階段を上りきった慎太郎が、ちょっとこちらを振り返りました。私は軽く手を上げて笑顔を作りました。

頑張れ。

頑張れ、慎太郎。

たくさんの方に囲まれて寮へ入っていく息子を、私はぼんやりと見送りました。

「横田くんのお母さん」

ふいに話しかけられて私は少し驚いて隣を見ました。人懐こそうな青年がニコニコと笑いながら立っています。

「スポニチの遠藤です。横田くん、ええ顔してましたね」

遠藤さん、と聞いて私はすぐに合点しました。阪神担当の記者さんで、入団当初から慎太郎に注目し、いくつもの記事を書いてくださっている方です。彼の記事のおかげで、どんなに息子は励まされてきたか分かりません。

「いつもありがとうございます、慎太郎がお世話になって……！」

私は頭を下げました。

「いや、なんもしてません！　あ、メシくらいは奢《おご》ってますけど」

遠藤さんは笑いました。歳は30代前半といったところでしょうか。

「親しくしてくださってるんでしょう。息子からも遠藤さんのこと伺っています」

「え、何を言われてんのやろ」

快活な笑顔に私はすっかり打ち解けました。話しぶりからも慎太郎を弟のように思ってくれているのが分かります。

「いきなり姿見せへんようになった時は、えらい心配しましたわ。本人とも連絡とれへんし、球団もなかなか教えてくれへんし」

「申し訳ありません……」

「けど、ほんまに良かったですね。戻ってこれて。横田くんがユニフォーム着てる姿、はよ見たいです」

遠藤さんは笑顔でそう言うと頭を下げ、寮の入口のほうへ歩いていきました。

私は乗ってきたタクシーに戻り、駅のほうへと走らせました。車の中で一人きりになると、なんだか心にぽっかりと穴が開いたような、なぜか寂しい気持ちになりました。

母親というのはおかしなものですね。

早く元気になって、彼の居場所に戻してやりたいと背中を押してきたのに、いざ自分の手元から離れると急にシュンとしてしまう。自分でも自分が滑稽《こっけい》に思えながら、嬉しいやら寂しいやらで涙が出てきました。

発病から半年。

2回の手術。真っ暗な闇を彷徨った2か月。抗がん剤に苦しんだ3か月。リハビリに精を出した最後の1か月。ようやく終わったんだ、本当に終わったんだな。

半年ぶりに鹿児島空港に降り立つと、むっとする暑さが懐かしく、私は溜息をもらしました。自分の体が疲れていることを、やっと自覚した気がします。リムジンバスで鹿児島中央駅まで出て、車で迎えに来てくれていた夫を見つけました。

「おかえり、お疲れ様」

「長らく家を空けてすみませんでした」

「いや、大したもんだよ」

車の助手席に乗り込むと、冷房がよく効いていて心地よく、いくらも走らないうちに寝てしまいました。


11月、球団は正式に息子と育成契約を交わしてくださいました。

年俸は現状維持、背番号は124番に。約束通り、24番は空けたまま、復活の可能性に賭けてくださったのです。

「必ず甲子園のグラウンドに帰ります！」

夕陽に照らされた息子の横顔の写真が掲載されたスポーツ紙。今まで見たこともないような、鬼気迫る決意の顔。それからというもの、息子は「必ず」「絶対に」という強い言葉を意識的に使うようになりました。その言葉の裏に、「復帰できなかったらどうしよう」という不安が隠れていることを母親の勘で感じ取っておりました。しかしすべては本人次第。見守ってくださっている球団にお預けするしかありません。

「スポニチのSNSに慎太郎が載ってる」

ある時、真子が電話で教えてくれました。

「遠藤さんって人の。慎太郎、元気そうだね」

遠藤さん。あの日に会った笑顔と小気味良い関西弁が思い浮かびました。

「ほんとだ」

スマホで検索してみると、遠藤さんが撮影した練習前後の顔がたくさん掲載されていました。笑顔だけでなく変顔のショットもたくさんあり、まるで学生時代の同級生同士でじゃれているようで、見たこともないような表情もたくさん含まれていました。遠藤さんに心を許して、いろんな話をしているのだろう、そんな親しみが数々の写真から伝わってきました。それからというもの、スポーツ紙だけではなく、遠藤さんの発信するSNSも見るようになりました。写真に切り取られた息子の表情からは、復帰へのプレッシャーの中でも、毎日を楽しんでいるように見えました。

その年の暮れ。

慎太郎が鹿児島に戻ってくる時には、心配することなくワクワクしながら待っておりました。

目の後遺症は残ったままですが、土屋トレーナーが毎日更新するメニューを着実にこなし、体力も戻ってきていると球団の方が報告をくださっていたからです。

空港の到着ロビーにスーツケースを持って現れた息子は、退院した時より体もずいぶん太くなり、背も心なしか伸びたようでした。何より、歩く速度がまるで違いました。病院から出た時には私が合わせていたくらいの歩幅は、今や発病前と変わらぬ大きな一歩となって、ついていくのがやっとでした。

「一人で家まで帰れたのに」

駐車場へと歩きながら慎太郎は少しぶっきらぼうに言いました。私と夫が揃って迎えに来たことが気恥ずかしかったようです。いいじゃないの、と言い返そうとした時、向こうから見知らぬ女性が近づいてくるのが見えました。

「横田選手？」

息子は振り返りましたが、知らない人のようでした。女性の後ろには小学生くらいの男の子と女の子が立っています。

「大病なさったんですってね。大変でしたね。応援していますよ」

「ありがとうございます」

どうやらタイガースを応援してくださっているファンの方のようでした。連れている男の子が野球をやっているとのことで、慎太郎と写真を撮りたがっているといい、慎太郎は快く応じました。すると、その光景を見ていた親子連れやカップル、老夫婦が次々と慎太郎の傍にやってきて、写真を撮りたいと言ってくださいました。これは慎太郎だけではとても対応できまいと私はしゃしゃり出て、皆さんのスマホを預かり、次々に撮影していきました。慎太郎はテーマパークのマスコットキャラクターさながら、写真を撮った人々と握手し、「頑張れ」というお言葉をいただき、手を振って別れていきました。

「慎太郎、急に人気者になったな」

やっと行列が終わって車に乗り込むと、笑いながら真之が言いました。

「鹿児島の皆さんも、こうして見てくださってるんだね……」

慎太郎は「うん」といってそのまま黙って車窓を眺めていました。

そしてふいに、こんな話を始めました。


今月初めに、髙山さんと熊谷くんと、大学病院の慰問に行ったんだよ。

小児科もあって、病気の子どもたちもたくさん入院していて、俺と同じ病気の子もいてね。あんなちっちゃいのに、治療しんどいだろうなって、大丈夫かなって心配になった。けどみんな俺らが行ったの凄い喜んでくれて、タイガースのユニフォーム着てくれて、楽しかったな。子どもだけじゃなくて大人の患者さんたちも集まってくれて、みんな「試合見てるで」とか「頑張れや」とか逆に応援されてしまった感じになって、嬉しかった。

なんか……野球選手になって良かったな、って思った。

タイガースの選手じゃなかったら、俺は患者の一人に過ぎなくて、俺が何か言ったりしても大勢には聞いてもらえないと思うんだけど、タイガースの選手だから、話聞きたいとか会いたいってたくさんの人が言ってくれて、それでいろんな人を励ますこともできて。やっぱり野球選手は凄いと思う。野球やってる俺が病気になったことも、ちょっとは意味のあることなのかもしれない……。

車が家に着く頃には、慎太郎は後部座席でぐっすり眠ってしまっていました。

私は慎太郎がしてくれた話を、何度も繰り返し考えておりました。「病気になったことも意味のあること」という言葉が息子の口から出てくるとは思わなかったからです。

慎太郎は子どもの頃から、他人に興味を示すほうではありませんでした。野球と自分。いつもそれだけ。今も自分のことで精一杯で、誰かを思いやったり助けたりする余裕はないだろうと思っていました。しかし、いつの間にか息子の心の中には、「誰か」という不特定多数への特別な想いが芽生えていることを知ったのです。

今思えばこの頃から、いつしか慎太郎の心の奥底で、

「野球をやりたい」

という気持ちから、

「野球をやっている姿をみんなに見せたい」

という気持ちに変わっていっていたように思います。そして、この微妙な違いが、この後引退するまでの日々の中で、少しずつ、気づかぬうちに、彼の心に重荷を積んでいったのかもし

れません。

奇跡、というものを、私はこれまでの人生の中では体験したことがありませんでした。いえ、正しくは奇跡を奇跡だと感じたことがなかった、と言ったほうがいいのかもしれません。息子が大病を患い、社会生活に復帰してからは、毎日が無事に来ることのほうが奇跡だったのですから。

しかし慎太郎が退院後、様々な場所で引き起こした現象は、その奇跡以上に、どう考えても尋常ではない。何か私たちの計り知れない大きな力が働いていたとしか思えないのです。

「お母さん、本当に信じられないことがありまして……！」

球団本部の医療担当の方がご連絡をくださったのは、虎風荘へ戻ってから半年ほど経った冬のことでした。慎太郎はあれからもたびたび、大学病院の他、多くの病院をユニフォーム姿で慰問に訪れ、病に苦しむ患者さんを励ます活動を行っていました。お仲間の選手と行くこともあれば、球団の方と出向くこともあったそうです。

「今日、横田くんと慰問へ行ったのですが、もう奇跡の連続で」

同行した方のお話は、信じられないことばかりでした。

子どもたちに向けてのサイン会を行っていたら、遠くに座っていたお年寄りが、慎太郎のサインが欲しい、と言って立ち上がって歩いてきたそうです。その方はもう長い間ご自身で立つことはなかったそうで、それを見たご家族や看護師さんたちは驚いたそうです。また、肩が痛い、と訴えていた人の近くに慎太郎が近づいて、「ここが痛いんですか」と言いながら手の平で何度かさすってやりますと、しばらくして「痛みが取れました！」と顔を輝かせたそうです。

「あの……、それは本当に慎太郎なんでしょうか？」

私はそこまで聞いて、どうしても信じがたくて口をはさみましたら
「いや、もっと凄いことがあるんです」

と、お話を続けます。

「目がずっと開かない患者さんがいましてね、横田くんがその人と握手をしたんですよ。そしたら横田くんを見ようとして、一生懸命目を開けようとして頑張って頑張って……、なんと開いたんですよ！」

「ええー……？」

「これ、ほんとなんです。もうみんなびっくりして」

人間には底知れぬ力があって、もう無理だと思えば無理なことも、できると思えばやれてしまう、または夢中になってその人の能力以上の力を発揮することがあるとは言いますが（火事場の馬鹿力というやつです）、慎太郎が引き起こした現象は、どうにも説明がつかず、私もなんと言っていいやら分かりませんでした。偶然や思い込みもあるでしょうが、きっとそれだけではないはずです。きっと何か大きな力が、働いているのです。

しかし、慎太郎自身の体に、奇跡を起こすことは、最後までできませんでした。

慎太郎が虎風荘に戻った夏の日から、2年の月日が経ちました。

慎太郎の体力は、発病前の状態と変わらないくらいに戻っておりました。練習も実戦形式のもの以外は、バッティングも投球練習も以前と変わらないメニューで、他の選手とも練習できているようでした。

「ベンチに入った時は、人一倍いい声で仲間を励まして、試合の後は真っ先に飛び出してきてハイタッチするんです。試合に出れなくてもいじけたりふてくされたりといったそぶりは一切見せない。本当に頭が下がります」

球団の方が電話口でそのようにおっしゃった時、私は思わず、

「皆様の足手まといになっていませんか」

と言ってしまいました。慎太郎の復帰を願いながら心のどこかで、もう無理なのではないかという思いが頭をもたげ、同時にそんな息子にずっと付き合ってくださっている方々や、他の選手の皆さんの練習の妨げになっているのではないかと心配になっていました。

「とんでもないです。みんなヨコの復活を信じてますから」

慎太郎はチームの希望。あの野球に向かう真摯《しんし》な姿勢は選手誰しも見習わなきゃダメだ。そんな風に球団関係者の方々はいつもおっしゃいます。ですが、当の本人は当然、2年も経ってまだグラウンドに戻れていない自分をどれだけ歯がゆく思っていることか。ここまでチームに助けてもらって、サポートされて、応援されて、その分を返さなきゃいけないのに、いまだに

戻れていないなんて、と。

原因は目です。ただ、その一点だけでした。

自分の努力でできる体力はちゃんと戻した。けれど目だけは自分ではどうにもできません。ボールが二重に見える、急に視界から消えるといった症状はこの2年、変わることがなく、慎太郎を苦しませ続けていました。


目さえ、目さえ元に戻れば……!

神様、俺の目を一度でいいから返してください。

野球がしたいんです。

いいえ、みんなに野球してる姿を見せる義務があるんです。

今、苦しんでいる人たちの光になりたい。

夢が、希望が、病より強いことを実証したいんです。

だから、一度でいいから、俺の目を返してくれ!!


汗をびっしょりかいて夜中に目覚めた慎太郎は、一瞬、そこが鹿児島実業の寮だと錯覚しました。ああ、夢か。ずいぶん長い夢を見ていたな。とんでもない悪夢だった。本当の自分はまだ高校生で、甲子園を目指してる。プロ野球選手になるのが夢……。そうしているうちにはっきりと周囲が見えてきて、夢ではなかった、と気づく。ここは虎風荘。夢ではない。自分は大病の後で、グラウンドに戻る日を目指してもがいてる。もう2年も、もがき続けている……。

慎太郎はこんな夜を、もう幾夜も過ごしていたといいます。

すべて夢だったら良かったのに、と何度も思ったそうです。

その年の正月に帰省した慎太郎は、明らかに普通ではありませんでした。昼間は私たちとも会話をするのですが、夜になると眠れないのか、遅くにバットを持って庭へ出て、しばらく素振りしていることもありました。帰省中でも練習を欠かしたことはありませんでしたが、早く寝て夜明けと共に起きるサイクルの慎太郎が、夜中に素振りをするのは少々異常な行動と言えました。バットを振っている様子は近寄りがたく、何かあったのか、と聞きたくても聞けない雰囲気でした。

真之は、鹿児島商業高校野球部の監督に就任したばかりで、生徒さんたちの指導に年末年始もほとんど休みはなく、慎太郎とゆっくり話す時間はありませんでした。あの頃、息子は家族にも何も言わず、一人で孤独に耐えていたのだと思います。

もう、やめてもいいんじゃないかな。

本人には決して言いませんでしたが、私はそのように感じておりました。

そして私と同じことを、慎太郎のことを最初から見ていてくださった田中秀太さんも感じていらっしゃったようです。

練習している慎太郎から、笑顔が消えている。

今までどの練習をやっていても真剣に打ち込んでいた彼が、今は何をしていてもどこかぼんやりと上の空だ。バッティング練習をしている選手たちをただ眺めて、その後ろでひたすらバットを振っている。その様が日々、痛々しく感じる、と。

球団としては、ここまで残した慎太郎を今さら切る、というのは考えがたかったようです。当然、ゴールは一軍への復帰。それまでは面倒を見ると、腹を括ってくださっていたようです。

しかし……。

「このままだと、あいつ自身が潰れる気がして。もう自分では降ろせない重荷を、誰かが降ろしてやらないといけない気がするんです」


2019年夏。

テレビでは第101回全国高校野球選手権大会が甲子園で行われています。鹿児島代表は神村学園。慎太郎も高校時代、何度も対戦した学校です。

私は一人、居間で試合の中継を見るともなく、ぼんやりと眺めていました。高校野球を見るたびに、慎太郎の最後の夏を思わないではいられません。今年はいつも以上に無性に、あの時のことが蘇《よみがえ》ります。

もし、あの夏。

慎太郎が甲子園に出場できていたら。

彼の人生は今とは変わっていただろうか？

人生に「もし」なんてありません。起きたことを起きたこととして、向き合うしかないのです。けれど、どうして頑張っている息子がこんなに辛い道を歩かねばならないのか、私にはどうしても解せなかったのです。

秀太さんの言った〝重荷〟は今もなお、慎太郎の肩に食い込み続けている。そこから解放されるのがいいのか、それとも潰れるまで背負い続けるか……。決めるのは息子自身です。


そして、夏の終わり。


「もしもし、慎太郎?」

『お父さん』

「どうした」

『うん。あの』

「うん」

『……』

「……」

『今年で、野球やめます』

真之がしばらく沈黙したので、慎太郎が電話の向こうで何を言ったのか、聞かずとも分かりました。

「そうか」

真之は元気な声で言いました。

「お前が決めたことなら、それでいい」

『今まで、本当にありがとうございました』

返す言葉を詰まらせ、ただ頷いた夫は「じゃあな」と言ってすぐに電話を切りました。何も言わなくても私には分かっていましたので、真之も説明しませんでした。

しばらく、二人で黙ったまま、畳に座っていました。

「あなたの引退の日に、真子と慎太郎を連れて、試合を見に行きましたね」

「そうだな」

「慎太郎はまだ3か月の赤ちゃんで、真子は電車とホームの隙間に落ちかけましたよ」

「あんな大変な思いをして行ったのに、あなたは出場しなくて」

「そうだったな」

「うん」

「でもそれでも、慎太郎にはあなたのいるプロ野球のグラウンドの風をたくさん浴びさせることができて、良かったと思いました」

その風がきっと、これまでの慎太郎の野球人生を導いてきたのだから。

「私、鳴尾浜に行こうと思います。あの子が最後の試合もベンチで声を出してるなら、一緒に声を出してこようかと」

「うん、それもいいな」

真之はそっと目頭を押さえました。さすがに万感の思いがあったのでしょう。自分と同じ道を目指し、きっと夢の続きを描いてくれる、と大きな期待を胸に送り出した息子が、こんな形で、志半ばでグラウンドを去ることになるとは無念でならないでしょう。

「申し訳ありません」

「何が」

私は頭を下げました。

「私が、あの子をもっと丈夫に産んでやらなかったせいで……」

このことは、発病してから常に私の頭にありました。

すべて私のせいだ。慎太郎に、健康な体をあげられなかった、私の責任。どこかで、その罪悪感から逃れられない自分がいました。たとえあの夏に甲子園に行っていたとしても、他の球団に入っていたとしても、野球選手にならなかったとしても、あの子の体の運命は結局変わらなかったはずだ。

「何を言っとるんだ！」

急に真之が声を荒らげました。私はびくっとして顔を上げました。

「そんなバカなことで謝る奴がいるか！」

「すみません、でも」

「俺は、慎太郎がここまで強い男だとは思わなかった。俺だったらとっくに音《ね》を上げていたよ。

とてもできることじゃない。あいつは凄い。最高の、自慢の息子だ」

真之は畳に正座して、深く頭を下げました。

「お母さん、慎太郎を産んでくれて、ありがとう」

目から、大粒の涙がポトリと落ちました。

病院で「目標は病より強い」と強い気持ちで治療に向かった日々を思いました。その目標を達成できず、さぞ悔しいだろうな、辛いだろうな。でも、よく頑張った、本当に頑張った。誰も慎太郎を責めたりしないよ。

私は声を上げて泣きました。


慎太郎が出ていなくても、最後の試合は見に行こう。そう思っていた矢先にかかってきた電話に、私は仰天しました。

「横田の引退試合をやります」

当時ファームディレクターだった宮脇則昭さんからの連絡でした。

「引退試合って、なんですか。育成選手ですよ?」

思わず聞き返してしまいました。

「横田はもう充分に頑張りました。目さえ大丈夫なら、いつでもグラウンドに戻れます。そこまで戻すのにどれだけ努力したかは、私たちが一番分かってます。だから最後くらい、目標を達成させてやりたい」

選手としてグラウンドに戻る。

もう一度、野球の試合に出る。

発病してから、ずっと掲げ続けてきた目標。

それを球団の皆さんは叶えてくださったのです。

「あいつがずっと一人で頑張ってるのを見て、周りの選手たちも良い影響をもらったと思います。みんな、横田が大好きなんですよ」

ちょうど24年前、真之が一人でひっそりとユニフォームを脱いだ日のことを思いました。慎太郎もきっとそうなるだろうと思っていただけに、この喜びと感謝はひとしおでした。すぐに真之と真子に知らせました。

「大事にされてるんだな、慎太郎は」

真之は噛みしめるように言いました。しかし肝心の引退試合には行けないというのです。

その日は野球部の試合があると。

「試合なのに生徒を放り出せんだろ」

「いいじゃないですか、練習試合でしょう」

「良くないだろう、監督がいなくてどうやって試合するんだ」

「コーチにお任せすればいいんですよ」

「そういうわけにはいかん」

私はだんだん腹が立ってきて声を荒らげました。

「こっちは一生に一度の試合なんですよ！　慎太郎の人生の中で一番大事な試合ですよ！」

「分かっとる」

「だったら来てください。見てやってください」

「できることなら行きたいが」

「もう、あなたは。よその子と自分の子、どっちが大事なんですか！」

しかも、真子までもが、仕事で試合に間に合うか分からないというのです。その頃、真子は東京のテレビ局で朝の情報番組のアシスタントディレクターをしておりました。

「事情は話したんだけど、こっちも代わりがいなくて……」

「何言ってるの。引退試合なんて、普通はありえないことなのよ！」

「分かってるって」

家族二人のそんな状態に、私は一人でカッカしておりました。家族ってこんなものなのかしら。元気になれば、もうそれでいいのかしら。結局、あの闘病生活を目の当たりにした私だけが、慎太郎の今の生を奇跡のように思っているのかしら、と。

「お父さんと真子は来られないかもしれない……」

と慎太郎に伝えた時、息子は案外、ドライな口調で
「あ、そう」

と言いました。

「出してもらうって言っても、9回表だけだから。来なくてもいいよ」

その1イニングに出場させてもらうことがどれほど凄いことか、慎太郎自身が誰よりも分かっていたのに。

しかし、それからほどなくして。

『横田慎太郎、引退』

スポーツ紙の一面トップに、大きく慎太郎の写真と記事が掲載されました。その内容は、慎太郎のこれまでの頑張りに心を寄せた心温まるものでした。その記事を書いたのは、あの遠藤さんでした。

『脳腫瘍から復帰も実戦出場かなわず』

そう書かれた文字が泣いているようで、ファンの方々が「やめないで」と悲鳴を上げているのが伝わってくるようで、涙が込み上げました。

真之はその紙面をじっと見つめておりました。そして試合の前日、私が関西行きの支度をしていましたら、家に帰るなり言ったのです。

「俺も行く」

「行きましょう！」

すぐに慎太郎に連絡し、二人で関西へと向かいました。電話口の慎太郎は嬉しそうでした。

2019年9月26日。

阪神鳴尾浜球場。甲子園から車で20分ほど走った場所にある、二軍の本拠地です。私たちは球団の方々への挨拶もあり、朝早くから球場へと向かいましたが、同じくらい朝から球場前で並んでいるファンの皆様に驚きました。背番号24番のユニフォームを着て、横田慎太郎と書かれたタオルを胸に開場を待つ皆さん。ぐっと胸が熱くなりました。

ありがとう、皆さん。

皆さんのおかげで、慎太郎はこの場所へ戻ってこれたんです。

皆さんがいなければ、もう一度野球をやるという目標には辿り着かなかったかもしれない。ありがとうございます。本当に、ありがとうございます。

心の中で何度も頭を下げました。

試合前に、二軍監督の平田勝男さんにもご挨拶をさせていただきました。

「横田くんのことはね、1年目から見てるんですよ。だからこれが最後かと思うと……」

平田監督は目に涙を滲《にじ》ませていました。

「心に残る試合にしてやりたい」

慎太郎は試合前は緊張していて、ろくに言葉を交わしませんでした。とにかく頑張って、としか声をかけなかった気がします。

目の状態は依然として良くありませんでした。ボールが見えない、または二重に見えるという症状がずっと続いていたので、打席に立つことはできません。守備だけでの出場でした。

私たちは来賓席に案内していただきました。打席のすぐ後ろのガラス張りの部屋でしたので、慎太郎が守備につくはずのセンターもよく見渡せました。

対戦相手は福岡ソフトバンクホークス。私も真之も、プロ野球の公式戦を球場で見るのは久しぶりです。試合が始まると、その迫力に夢中になると同時に、また私の心配性の癖も頭をもたげ始めました。

健康な人ですら、プロ野球の試合にいきなり放り込まれるのは危険と言います。傍から見ているとグラウンドは広いし、サッカーやバスケットに比べて動きが少ないように見えますが、実際、あの場に立つといつどこにボールが飛んでくるか分からず恐怖を覚えるそうです。プロ野球の試合球は非常に硬く、ましてやプロの打球など、まともに当たったら大怪我ですから。

そんな場所に、目の不自由な慎太郎が入って、本当に大丈夫なのだろうか。

もしボールが頭にでも当たったら……！

心配の種はむくむくと湧いてきます。とても試合の動向を楽しむ余裕はありませんでした。

6回になって、東京から真子が駆けつけました。

「間に合った！」

朝の番組のオンエアを終え、そのままの足で向かったようで、汗だくで髪も乱れていました。家族3人が揃って、ようやく私は慎太郎の最後のプレーを見届ける勇気が湧いてきました。一度もボールに触れなくても、公式戦のグラウンドに立つだけで充分。そう思っていました。

「横田、センターに入れ！」

8回表、予期せぬタイミングで平田監督から呼ばれ、息子は慌ててベンチから立ち上がりました。横田は9回からのはずですよね？　と、他の選手やコーチにも驚きの色が走りました。

一番驚いたのは慎太郎本人です。

「今、ですか？」

「今だ。行け」

泣き顔とも微笑みともとれる表情を平田監督は浮かべていたそうです。慎太郎は毎日大切に磨いてきたグローブを摑み、グラウンドに駆け上がると全力疾走でセンターへと走っていきました。

「センター、横田」

アナウンスが響きました。

「慎太郎だよ！」

真子が叫び、私たちは身を乗り出しました。全力疾走でポジションにつく息子の背中。

ああ、慎太郎。ついに、ついに試合に出られましたね……！

私は胸がいっぱいになりました。

「横田ー！」

「ヨコー!!」

スタンドから大きな歓声が起こります。仲間の選手たちが見守る中、どんな時も声援を送り続けてくださったファンの皆様の拍手の中を、息子は駆けていきました。

予想外のタイミングでの出場。

それは、幼い頃から野球に人生を捧げてきた慎太郎への、平田監督からの最後の花道でした。あの全力疾走の背中を、みんなに見てもらいたい。そんな優しい配慮でした。

私にはもう、それだけで充分でした。

もう、何もしなくていい。ボールに触れることなんて、できなくていい。出場しただけで充分。それにもし、センターにボールが飛んでいったら、よけきれず当たってしまったらどうしよう。もし隣の選手にぶつかって迷惑をかけてしまったら……。

「どうかどうか神様、センターにボールを運ばないでください」

私はただ、必死に手を合わせて祈っておりました。


ですからあの時、息子が何を見たのか、想像すらしていなかったのです。


スタンドからの大拍手の中、全力疾走でポジションに入り、グラウンドを振り返ったその時。

慎太郎は息をのみました。

「……!?」

キラキラ、キラキラと、音が鳴るように、グラウンド一体が、光に包まれて瞬いています。

「光ってる……?」

異様な光景でした。一面にガラスの欠片を敷き詰めたように、地面が太陽光に反射して煌めいているのです。なぜそんなに光っているのか、理解できませんでした。

慎太郎はグラウンド全体を見回しました。もはや光はグラウンドだけではありませんでした。ホームベースも、電光掲示板も、仲間のいるベンチも、スタンドのフェンスも、どこもかしこも、すべてが光を放っています。まるで光の草原の中に立っているようでした。


もし、天国があるなら。

慎太郎は空を見上げました。

もし、天国があるなら、きっと今ここ。この場所なのかもしれない。


「横田ー!!」

風が吹き、スタンドからの歓声が聞こえてきました。自分の名前を力の限り呼んでいるみんなの声。背番号24番のユニフォームを掲げて。

ああ、試合だ。慎太郎は思いました。俺は今、必死で目指してきた公式戦に出ているんだ。1096日ぶりに、多くの人々の前で。

8回表。2対1の1点リード。ツーアウト二塁。ヒットが出れば同点。油断すればこのまま逆転のピンチにもなり得る。だが無失点で抑えることができれば勝利は目前。

やってやる。

心の奥底で叫びました。

必ず、ここで何かをやってやる!

しかし、慎太郎の目は、その時もボールをまともに見ることができませんでした。まっすぐに飛んでくるボールも一つになったり二つに見えたりして取り逃し、高く打ち上がったボールは消えてしまって、どこに落ちてくるかが分からず、いつも怖くて後ずさりしてしまうのです。見えるはずのボールが見えない。2年以上もそんな状態の体で、いったい何ができるというのでしょう。

この引退試合は、これまで闘った慎太郎へのご褒美だと誰もが知っています。ファンも関係者の皆様も、息子に好プレーを期待していたわけではないでしょう。なのに慎太郎だけがその時、強く強く想っていたのです。何かを残したい、と。

その瞬間の初球。

「来た……!」

来るな、来るな、と唱えれば唱えるほどに来てしまうものなのでしょうか。いきなりの大飛球がセンターめがけて飛びました。私は思わず「ああっ」と叫んでしまいました。あの打球も、慎太郎にはきっと見えていないのです。ボールは慎太郎の頭上を越えていきました。

病気をする前の息子なら、ギリギリまでボールを追いかけたでしょう。しかし今の彼には、フェンスに当たって転がったボールを必死で拾い、内野手に送球することしかできません。

ツーベースヒット。2対2の同点となってしまいました。なおもツーアウト二塁です。

「ちくしょう……！」

慎太郎は唇を噛みしめました。

今この時に何か、何かを残したいのです。本当に最後となった、この試合で。大好きな阪神タイガースのグラウンドで。ファンの前で。仲間の前で。どうしても、残したいのです。自分のプレーを。これまでの野球人生のすべてを。ここにいた証を。

しかしどれだけ目を見開いても、ボールは見えません。

「ファウル！」

対する福岡ソフトバンクホークスの攻撃が続いています。打席に立つ塚田正義選手の打球は左に大きく逸れていきました。そのボールも見えません。

「結局、何もできないのか」

慎太郎の脳裏に9歳の頃からの自分の野球のすべてが走馬灯のように浮かびました。

苦しくて苦しくて逃げ出したかった鹿児島実業の野球部。ドラフト2位指名で阪神タイガースに入団した日。病気の後、戻ってこられたこの鳴尾浜球場と虎風荘。言葉にならない想いが次から次へと。

どうしてなんだろう。

どうして、俺だったんだろう。

ちくしょう。

どれだけこの日が来ることを怖れていただろう。

どれだけこの日が来ることを待っていただろう。

苦しくて楽しくて大好きな野球。右手に馴染むグローブに別れを告げる日を、来るなと祈り、早く来てほしいと願っていた。けれどそれも今日すべて、すべてが終わる。

これが最後のプレー。最後の野球。

「センター！」

2球目を弾き返した打球が鋭いライナーとなってふたたび慎太郎めがけて飛んでいきました。

怖い……！　向かってくるボールに、慎太郎は一瞬おびえました。

私は顔を覆いました。もう、見ていられなかった。どうか当たらないで！　いくら点を取られたっていいから、もう体だけは。

けれど。

何かが、誰かが、息子の背中を押したのです。

「前へ、前へ行け！」

慎太郎は押されるままに、怖れを捨てて一歩前に踏み出しました。

ボールは見えません。しかし、彼の積み上げた時間は嘘をつきませんでした。これまで培ってきた野球感覚を信じて差し出したグローブは、地面を弾いたボールをしっかりと摑み取りました。

そして。

二塁ランナーが三塁を蹴りホームへ向かいます。慎太郎は体を大きくしならせたかと思うと、次の瞬間、ホームめがけて渾身の力でボールを投げ放ちました。

「バックホーム！」

放たれた白球はまっすぐにホームへ向かっていきました。美しい弧を描き、一度も地面を触ることなく、ただひたすらに、まっすぐに。


「アウト！」

審判の声がグラウンド中に響き渡りました。スタンドからの大きな歓声に私は恐る恐る目を開けました。

「アウト、タッチアウトだ！　慎太郎がバックホームした！」

真之が興奮して大声で叫んでいます。アウト？　バックホーム？　いったい何が起こったのか、私には分かりません。

「凄い。見えてないのに……」

真子も茫然と慎太郎の姿を見ながら呟いています。

スタンドのファンの皆様の拍手は止まず、やっと私にも何か凄いことが起こったのだ、と理解することができました。

慎太郎がベンチに戻ってきます。仲間の選手たちとハイタッチを交わしています。サングラスの下の満面の笑み。相手のソフトバンクの選手の皆さんも、大きな拍手で慎太郎を迎えてくださっています。息子は何をやったのだろう。ああ、怖がらずにきちんと見ておくべきだった。それにしても、今のあの子にいったいどんなプレーができたというのだ？

「いや、凄い！　このプレーは……凄い」

宮脇さんが目に涙を浮かべながら私たちの席にやってきました。

「あの、息子は何をやったんでしょうか……」

「バックホームです。しかも中継なしのダイレクトでノーバウンドのいい球返してきた。あんな良いプレー、この6年間で一番じゃないですか？　本当にまっすぐだったな。奇跡です」

奇跡。

そうか、奇跡か。

息子は奇跡を起こしたのか。

ゲームは8回の裏、タイガースの攻撃が始まりました。しかしスタンドのファンの方はまだ慎太郎のプレーに沸いています。慎太郎の名前の書かれたタオルで涙を拭う皆さんの顔が多く見えました。真之も「凄い、あいつは凄い」と独り言のように繰り返しています。

奇跡、か。

私はぼんやりとグラウンドを眺めました。

ベンチに入った息子の姿は見えませんが、きっと今頃、泣いていると思いました。子どもの頃、どんなにキツい練習でも、負けた試合の後でも涙は見せたことがなかったのに、大きな病気をしてから息子はたくさん泣きました。初めて、涙の意味が数多くあることを知ったのでしょう。そしてそれは私も同じです。気づけば私の頬も濡れていました。決して悲しくはありません。悔しくもありません。いったいなんの涙だったのか。


こうして、慎太郎の代名詞となった〝奇跡のバックホーム〟が生まれました。

あのプレーの後で、球団の方、選手仲間の皆様はみんな泣いていらっしゃいました。

シーズン中にもかかわらず、矢野燿大監督はじめ、一軍からも多くの選手の方々が駆けつけて、その瞬間を見てくださっていました。

皆、あのバックホームに感動し、涙したのは、あのプレーが決して偶然ではできないことが分かっている、野球選手としての苦しみを分かち合う仲間だったからこそだと思います。

退院してからの2年間、慎太郎が試合に出ることだけを目標に毎日毎日頑張っていたからこそできたこと。そう誰もが知っています。

「あれは奇跡じゃない、努力のバックホームだ」

遠藤さんも、慎太郎が亡くなった後の記事にそう書いてくださいました。

元阪神タイガースの先輩選手だった鳥谷敬さんがあのプレーの後で慎太郎に、

「横田、野球の神様って、本当にいるんだな」

と声をかけてくださったそうですが、その神様の存在を感じることができるのも、努力に努力を重ねた一流の選手だからこそと、私は思います。

そして、それは野球だけに限ったことでは、もちろんありません。

いろんな場所に、仕事に、それぞれの神様がいて、そこで働いたり努力している人たちのことをいつも見ていて、そっと背中を押してくださる。そんな存在がいると私は思います。そして、あのプレーを見て、感動したり、自分も頑張ろうと思ってくださった多くの方がいたことが、慎太郎にとって何よりの幸せだったのです。

こうして。

〝奇跡のバックホーム〟によって、やっと背負っていた重荷を外し、慎太郎は人生の第二章を歩き始めました。

あのバックホームはこの後の慎太郎の人生にとって、必然のプレーでした。

それは、彼が亡くなる直前まで人々に伝えていた、

「目標を持って一歩一歩進めば、必ず幸せな日が来る」

というメッセージの礎《いしずえ》となったからです。

あのプレーがあったから、彼は奇跡を信じることができた。自分のこれまでの努力を信じることができた。その体験を人に伝えなければ、という使命を持つことができた。

「夢や目標は、病より強い」

それを実証することができたのだと思います。

今、思えば。

野球は彼にとって、大切なことを多くの人に伝えるための、言葉以上の大事な手段だったように思います。その証拠に彼は引退後、あれほど大好きで、人生を捧げてきた野球をきっぱりとやめました。

グローブも、バットも、ボールも、すべて箱にしまって、自分の家に野球道具は一切持っていきませんでした。今度は野球ではなく言葉で、自分の身をもって大切なメッセージを伝えたい。そう思っていたからかもしれません。

彼が大切にしていた野球道具は、今も、子ども部屋の隅に大切にしまってあります。

第三章　最後の港で

2020年の9月頃でした。

「足が痛いんだよね……」

早朝。ジョギングから帰ってきた慎太郎は汗を拭きながら部屋に入ってきました。ちょうどその少し前に私は彼の部屋を訪ね、頂き物の梨を切っていました。

「だから、トレーニングのやりすぎよ」

昨年に現役を引退してからも慎太郎は朝5時に起きてストレッチ、筋トレ、ジョギングを欠かさず行っていました。1か月ほど前から腰や足に痛みが走る、と言っていたので、筋肉を酷使しているのではないかと思ったのです。もう現役ではないのだし、少しは体を休ませたら？と、何度か注意はしてきたのですが、もちろん慎太郎は自分のペースを崩しません。

「今日、整形外科行ってくる」

そう言うので私も同行することにしました。特に思惑があったわけではありませんが、なんとなく私もついていかねば、と思ったのです。そしてこの勘は当たってしまいました。

病院でレントゲンを撮っていただき、慎太郎は診察室に呼ばれました。新型コロナウイルスを警戒し、診察室には本人しか入れませんでしたので私はロビーで待っておりました。ほどなくして出てきた慎太郎の顔は、明らかに血の気が引いていました。

「どうしたの?」

「お母さん」

慎太郎は突っ立ったまま動きませんでした。嫌な予感がしました。

「横田さん」

看護師さんに呼ばれ、先生から話があると言われました。私は慌てて診察室に入り、先生から衝撃的な言葉を聞いたのです。

「脊髄《せきずい》に腫瘍があるかもしれません」

なんですって?

「かかりつけは大阪の病院ですね。手紙を書きます。すぐに行かれたほうがいいでしょう」

大学病院に? 6月に頭部の定期検査をしたばかりですよ。異常はなかったはずです。

そう先生に伝えたいのに、言葉がまったく出てきません。

「急いだほうがいいと思います」

信じられませんでした。しばらく、茫然としました。看護師さんに促され、ロビーに戻ると、慎太郎は同じ場所に突っ立っていました。

「お母さん」

もう一度、慎太郎は言いました。その目が揺れています。

「大丈夫だから。もう一回大阪、行ってみよう。大丈夫だからね」

私は笑顔で言いました。大丈夫、絶対に大丈夫。

その日のうちに大学病院に予約を取ると、二人で鹿児島空港から飛行機で伊丹空港へ飛びました。その年にパンデミックとなっていた新型コロナウイルスの影響で乗客は激減し、座席はガラガラでした。私も慎太郎も、押し黙ったまま、窓の外の雲を眺めておりました。


〝奇跡のバックホーム〟で引退を飾って、それから。

慎太郎の仕事はもっぱら講演会活動とYouTube番組出演でした。講演会に関しては、おかげさまで多くの皆様からお声がけいただきましたが、それ以外に何をしようか……と仕事を探していたところ、現役時代から応援していただいていたファンのお一人である神戸のA社長が、阪神タイガースの大先輩、川藤幸三さんをご紹介くださり、YouTube番組「川藤部屋」に出演したことが大きな活動の柱となりました。

球団の歴史を彩った〝男前〟な先輩、しかしちょっとコワモテの川藤さんに、慎太郎は畏怖《いふ》の念を抱いており、最初はタジタジでしたが、川藤さんからは「慎」と呼ばれて、大変に可愛がっていただきました。番組出演などもちろん初めてのことだったので、現場では何かと天然ぶりを発揮していて、慎太郎をイジることに長《た》けている制作スタッフの皆様とは毎度笑いが絶えず、慎太郎は新しい世界に心躍らせていました。

また、ファンの方と直接お話ができるファンミーティングも開催し、スポニチの遠藤さんが

ゲストに来てくださったりして、皆さんと心温まる賑やかな時間を過ごしました。スーツ姿で現れた慎太郎を遠藤さんは
「今日はスーツですか、かっこええですね」
と笑い、それを受けて慎太郎が
「またイジるのやめてください」
と返す。兄弟のような息の合ったやり取りが微笑ましく嬉しく、眺めました。スーツ姿の息子は、親の欲目ではありますが、なかなか凜々《りり》しくサマになっておりました。
虎風荘に別れを告げ、鹿児島に戻った慎太郎は私どもの実家には戻らず、マンションを借りて一人暮らしを始めました。野球しかやってこなかった男が、世の中を渡り歩いていく道は決して平坦ではないことを真之の経験でよく分かっていますから、今後の仕事のこともずいぶんと心配しましたが、息子はこうしたYouTubeやイベント、講演会などで活動することで日々忙しく過ごしていました。

脊髄への転移?
まさか、そんなわけはない。
こんなに元気になっているのだ。
どうして。

重い気持ちで病院のドアをくぐりました。願っていたことはただ一つ。間違いであってほしい、間違いであるべきだ、ということ。息子は病気によって、野球という、もう一つの命を手放したのだ。それ以上、彼の何を奪っていこうというのだ。

しかし。

「今日から入院しましょう」

先生の言葉は、私たち親子に振り下ろされた鉞《まさかり》のように希望を砕きました。

「また……」

今回は手術はしない。抗がん剤と放射線治療で腫瘍をすべて取り除きます、という説明を受けました。が、その二言を聞いただけでもう、私たちはげんなりと俯いてしまいました。あの苦しみを、また味わうのか？　手術がないぶん、今度は薬の量が増える。前回も苦しかったのに、もっと量が増えたらどうなるのだ。病気より先に薬の副作用に精神がやられてしまうのではないか？

「他の治療法はないものでしょうか」

なんとか薬漬けの日々を回避したくてそう言ったものの、放置すれば病気が進行してしまうだけ。手を打たねば命を繋ぐことはできません。

今回、担当となったのは主治医の助手の若い先生でした。

「脊髄にできた腫瘍はまだ柔らかいものなので、薬で全部取れます。頑張りましょう！」

と、優しく励ましてくださいました。

「抗がん剤……増えるんだね」

診察室を出た時、慎太郎が呟きました。あの治療がどれほど苦しかったか、思い出したくもないでしょう。

「でも、手術はしないって」

「うん……」

私は逡巡《しゅんじゅん》しました。病院を変えるということも考えました。いわゆる民間療法では抗がん剤を使わずに治療する方法もあると聞きます。けれど人それぞれに反応が違い、その方法も多岐にわたるため、どのくらいの効果が期待できるのかが分かりません。

「他を探してみる?」

慎太郎はじっと考え、「いや」と首を振りました。

「ここで頑張る」

慎太郎はこうと決めたら、その道をまっすぐ貫く性格です。ましてや、その頃は新型コロナウイルスの影響がどんどん深刻になり、数々の病院で医療崩壊が起こっていました。そんな中で新しい治療法を探すのは逆効果であると、私も思いました。

「分かった、お母さんも頑張る」

待合室に慎太郎を待たせて、私は受付に行きました。1度目と同じように個室でお願いして、自分もそこで寝泊まりする旨を伝えました。当然、前と同じように二人で闘う覚悟でいたのです。ところが。

「感染予防のため、付き添いは一切お断りしております」

耳を疑いました。

「まったくダメなんですか？　面会も？」

「はい。現在は患者様以外の方には病室にお入りいただけません」

焦りました。たしかにコロナは厳重に警戒しなければなりません。しかし、それでは慎太郎は本当に一人になってしまう。

「以前も泊まり込みで付き添いました。病院の外には出ませんし、他の患者さんにも接触しませんから、お願いします」

そう頼みましたが、今回はどうしても首を縦に振ってもらえません。慎太郎を一人で入院させることは想定していなかったので、なかなか気持ちの折り合いがつきませんでした。とはいえ、どこの病院でもコロナに対する警戒は厳重でした。外来でも付き添いを断る病院も多く、たとえ病院を変えたとしても難しいでしょう。

「今回は、一緒はダメみたい……」

病室で患者衣に着替え、力なく座っている慎太郎にそう告げると
「いいよ、大丈夫」

と無表情で答えました。

「一人で頑張れる？」

「うん」

「毎日電話はするけど」

「うん」

「本当に？」

「だって、やるしかないし」

慎太郎は終始無表情で、感情があまり感じられませんでした。怖いとも、心細いとも、寂しいとも、なんとも言いません。むしろ、そういった感覚や感情をすべて遮断して、麻痺させようとしているようにも感じました。

必要なものはすべて鹿児島から送ることにして、さっそく治療が明日から始まるというので、私は早々に病院を出なければなりませんでした。しかし頭では分かっていても、どうしても、息子を残して病室を出ることができません。

「早くしないと今日の便、なくなるんじゃないの？」

「なくなったらホテルに泊まるから」

そんな会話でお茶を濁していると、担当の看護師さんが入ってきて、退出を促されました。

「大丈夫ですから、あとはお任せください」

看護師さんは微笑んで言いました。たしかに、もう私にやれることはないのです。先生と看護師の皆様を信頼してお預けするしかないのです。けれど――。

「くれぐれも、よろしくお願いします……」

激しい葛藤の中、深々と頭を下げ、私は重い足取りで病室を出ました。

「お母さん」

ふいに慎太郎が呼びました。

「ん？」

振り返ると、ベッドの上で慎太郎が軽く手を上げました。

「ありがとう」


病室の扉を閉め、廊下を歩き始めました。

お母さん、ありがとう。

歩きながらも、さっきそう言った慎太郎の顔が、心に何度も何度も繰り返し浮かんできます。どうしてなのか。どうしてありがとうなんて言うのか。あんな風に、平気なフリをして。

怖いだろうに。心細いだろうに。逃げ出したいだろうに。

体は病室からどんどん離れていきますが、心は足に向かってブレーキをかけ始めました。このまま出て行ったら、おそらく退院まで慎太郎に会うことはないだろう。全部の治療が終わるまで、約半年？　年が明けるまで？　彼は半年間、夏から秋へ、秋から冬へと移り変わる時を、この病院の中で一人で抗がん剤を打たれ、副作用に苦しみ、放射線治療におびえながら過ごすのか？　長い長い24時間を繰り返し耐え続けるのか？

たった一人で。

私は足を止めました。

そしてくるりと踵を返すと、もと来た廊下を早足で戻り始めました。ちょうど慎太郎の病室から出てきた看護師さんがこちらへ歩いてきて、驚いた顔をしました。

「どうしました？」

「病院からは一歩も出ません、風邪も引きません、お約束します。だから一緒にいさせてください、お願いします！」

「……」

看護師さんは困ったように微笑んで、優しく言いました。

「お気持ちは分かります。けれど、今回ばかりは私たちもどうしようもないんです」

「一人にしてはダメなんです、あの子は。絶対にダメなんです」

「どうぞご理解ください」

「理解はしています。でも、だからこそこうしてお願いしています。一人でいては、病に殺される前に心が死んでしまいます。それだけはさせたくありません」

「……他の患者さんにも面会をお断りしておりますので……」

「私も患者の一人だと思っていただければ」

「そんなわけには」

「お約束します、絶対にウイルスは持ち込みません！　一歩も出ません！」

「ですが……」

「お願いします」

私は頭を下げて、その場から一歩も動きませんでした。困った看護師さんは、看護師長さんを呼び、二人がかりで説得されましたが、私は絶対に一歩も動きませんでした。ただただ「お願いします」と繰り返しました。ついには先生方にもお話が伝わり、しばらく待つようにと言われ、私は廊下に立ったまま、じっと待っていました。

自分はいったい何をやっているんだろう。こんなに病院の皆さんを困らせて。頭で分かってはいるのですが、諦めようと思っても、もう体が引き下がらないのです。

世界中が大変な状況になっている中で、世の中に逆らって自分の想いを押し通すなど、決して褒められた行為ではございません。けれど私はこうして食い下がったことを、後悔はしていませんでした。だって、慎太郎の母親は私一人なのです。今、あの子を守れるのは世界中で私だけなのですから。

だいぶ時間が経ってから、看護師長さんが戻っていらっしゃいました。

「付き添いを許可します。その代わり、決して病院から出ないでください。必要な時以外は病室からも出ないでください。マスク着用と消毒の徹底をお願いします。万が一、体調に異変があった場合は速やかにスタッフに報告していただき、退出をお願いします」

「あ……ありがとうございます……！」

良かった……!!　私は何度も何度も頭を下げました。担当の看護師さんは半ば呆れたような苦笑いを浮かべていましたが、最終的には「頑張りましょうね」と励ましてくださいました。

嬉しくて急いで慎太郎の病室に戻りました。慎太郎は、いきなりドアを開けた私に驚きました。

「何か忘れた？」

「ううん。お母さん、ここにいることにしたよ」

「え？」

「慎太郎と運命共同体になります」

「何言ってんの？」

息子は私の頭が少しおかしくなったと思ったようで、本気で心配していましたが、病院が許可してくれたことを知ると、心底びっくりして、「へえー……！」と頓狂《とんきょう》な声を出しました。

「お母さん、凄いね」

「凄いのよ。もうこうなったら、お母さんも後戻りはできませんからね」

腕まくりをして、慎太郎のベッドの横に椅子を並べ、自分の寝床を作り始めた私を見て、慎太郎は笑いました。笑ってくれました。


真之と真子に連絡をした時にはさすがに二人とも絶句しました。

「なんで、また……」

真子は泣きました。真之は、しばらくの間沈黙して、言葉が出ませんでした。

二人は、無理を通して私が付き添いをすると言ったことに反対はしませんでした。コロナがなければ、真之も飛んできたことでしょう。

「毎日電話するからな」

そう言って本当に毎日電話をくれました。といっても息子とは何を喋ったらいいのか分からず、結局は野球の話をするだけのようでしたが、それでも慎太郎は電話が鳴ると嬉しそうでした。真子も真之と同様にビデオ通話で繋いで、長時間話をしていました。

ただ、私が感じたことは、電話やビデオ通話はありがたいけれど、その時間が終わった後がとたんに寂しくなるのだ、ということです。事実、真子と冗談を言い合いながらいつものように話して、じゃあねと電話を切った後、病室はしんと不気味に沈んでいることを強く感じてしまう。慰められた時間のぶん、スマホの小さな枠の向こうにある、〝普通の〟生活をしている世界が羨ましく見え、余計に自分がみじめになってしまうのです。

ですから私は、頑張って傍にいて本当に良かった、と思うのです。24時間傍にいれば、手を握ってやることもできます。体をさすってやることも、時間を気にせず話を聞いてやることも、痛みや苦しみを分かち合うこともできる。

退院後、慎太郎は周囲にしきりに「自分はマザコンじゃないです」と言い回っていましたが、私が思うに男性はみんなマザコンですし、それでいいと思っています。死ぬか生きるかの苦しみに直面した時、自分の命を投げ出してでも守りたいと思う存在がいるのならば、ためらわずその腕に飛び込んでいいと思います。たった一人で歯を食いしばって耐える必要はないと、今でも息子に言ってやりたい。本当に、慎太郎はその人生を通して、あまりにも一人で耐え続けてきましたから。

今回の闘病に関しては、阪神球団のごく一部の方と親戚、親しい人に限って知らせ、一切情報は公開しませんでした。しかし、引退後も慎太郎の活動を追いかけ続けてくださっていた遠藤さんとは、もはや選手と記者の間柄ではない個人的な友人関係となっていたので、事情だけは知らせました。

「戻ってきたら取材させてください。その日が必ず来ると信じてます」

電話口で泣きながら遠藤さんは約束してくださいました。

考えてみれば、1度目の闘病生活はなんと恵まれ、前向きに過ごせていたことでしょう。阪神球団の全面バックアップのもと、「もう一度野球をやる」という大きな目標に向かって、安心して治療に専念できました。コロナもなく、たくさんの方々がひっきりなしにお見舞いに来てくださり、ファンの方々もたくさんのお手紙を届けてくださいました。

それが今は私とたった二人きりの、静かな病室です。あまりにも一日が長く感じます。同じ病院内なのに、以前のあの賑やかさが嘘のようにひっそりとした生活でした。

抗がん剤の投与が始まると、その鬱屈《うっくつ》はさらにひどいものになりました。分かっていたこととはいえ、ひどい吐き気と眩暈《めまい》と倦怠感が襲います。何より立ち上がることができず、ベッドからも動けません。薬の量が増えたことで体力のある慎太郎でも耐えることは難しく、投与の当日や翌日などは無気力に横たわっています。髪が抜け落ちることすら、どうでもよくなってしまったようで、ただぼんやりと横になって壁の一点、天井の一点を見つめていることが多くなりました。

その様子を見ているのが、一番辛かった。

何もできない、救ってやれない、苦しみや痛みを代わってやれないのが一番辛かった。何度も、治療をやめさせたいと思いました。しかし同時に、やめたらこのまま病気が悪化して死んでしまう、という絶望が襲いました。生き延びるためにはやるしかない、薬に頼るしかない、分かってはいるけれど、なんて残酷な日々なんだろう……。

そんな中で救いだったのが、担当だった若い先生が毎朝、病室を訪ねて声をかけてくださることでした。

「よく頑張ってますね！」

「腫瘍がだいぶ小さくなってきましたよ！」

「あともう少しですよ！」

と、いつも前向きな言葉をくださるのです。その言葉を聞くと、慎太郎はわずかでも希望が射して「ありがとうございます」と笑顔になるのです。

ですから、私も前回以上に言葉を大切にしました。「大丈夫」「良くなる」「一緒にいる」と、繰り返し繰り返し。それが息子を支える唯一の手段でしたから。

絶対にコロナを持ち込んではいけない、風邪を引いてもいけないと、私は売店で購入した市販の風邪薬を毎日飲んでいました。風邪を引く前に予防しようと思ったのです。さすがに慎太郎からも「体に悪いよ」と心配されたのですが、あの頃は感染者が急増していましたから、いつコロナにかかってしまうかと心配で、飲まずにはいられなかったのです（後で調べたら、かなり肝臓に負担をかけていることが分かったのですが……)。とにかく慎太郎のために自分の身を守ることに必死でした。


入院して3か月以上が経ちました。

秋も深まり、病院にもクリスマスツリーが置かれるようになりました。

慎太郎の薬の投与はまだ続いていました。1日10時間ほどの投与を5日間。3週間空けてまた5日間。3週間の休みでやっと体が回復してきた頃にまた薬漬けの日々。

もう精神も、体力も限界に近づいていました。

その日も、朝から投与が行われることになっており、慎太郎はぐったりした無表情のまま看護師さんから点滴を受けていました。投与は点滴で行われるのですが、これまで注射針を刺しすぎているためか、なかなか刺さりません。看護師さんも「もう少しだから」と声をかけながら頑張ってくださいましたが、それを見ていた慎太郎の表情は無から苦痛へと変わっていきました。彼が人前で、苦しみを露わにすることはあまりないことです。

その様子を傍で見ていて、思わず「もうやめて」と言いかけました。

しかし、その瞬間でした。

「もう、いいです」

慎太郎が呟くように言いました。

「もう、やめてください。もう、体が可哀そうです」

看護師さんはその言葉に手を止めました。慎太郎の目から静かに涙が流れていきました。痛いから、苦しいから、といった次元をとうに超えていました。我慢の限界を、とうに超えていました。

「もう、いいです」

慎太郎の目から、あとからあとから涙が流れ落ちていきました。

「少し待ってやってください」

私がそう言うと、看護師さんは頷いて病室から出てくださいました。慎太郎は声も立てず、ただ静かに泣いていました。私は傍に座り、傷ついた腕をそっと撫でました。注射針の痕がいくつもついてしまった痛々しい腕。何千何万とバットを振りこんできた腕、あの奇跡のバックホームをしてみせた腕。どれも同じ腕。同じ慎太郎。

「お母さん」

「なあに」

「もう、治療やめていい？」

慎太郎は私を見ないで、視線を落としたまま言いました。

「俺……今回、もう頑張れないかもしれない。前はチームが待っててくれて、ファンの人も応援してくれて、また野球やるっていう目標を持てたんだけど。今はもう、なんにもない。なんのためにこんなに頑張るのか、もう分からなくなってきた……」

私はずっと腕をさすり続けていました。泣くまい、泣くまい、と心をぎゅっと固く締め続けました。今、私が泣いたら慎太郎は絶望してしまうだろう。そうさせてはいけない、少しでも、少しでも希望を見せたい。

「慎太郎」

私は腕をさする手を止めずに言いました。

「私たちは今、真っ暗な海を旅してるみたいだね。海も空も真っ暗でどこに向かってるかも分からないし、今乗ってる船の燃料がもつかどうかも分からない。でもね、この船に乗ってるのが不安だからっていって、船から飛び降りたとしたら、どうなる？　海で溺れてしまう。サメに食われるかもしれない。船に乗ってるよりもっとひどい目に遭うかもしれない。だから一度乗り込んだ船からは、途中で降りることはできないんだよ」

慎太郎はじっと聞いていました。

「だけど、明けない夜はないの、この世界には。長くてもいつかは絶対に朝が来る。朝が来たら、行く手も見える。最後にはどこかの港には必ず辿り着く。だからね、慎太郎。その最後の港で、一緒に降りよう」

息子が私を見ました。涙に濡れた赤い目をして、じっと私を見つめました。

「うん」

小さく呟くような声でした。

生きている、という実感が湧かない入院生活。社会と切り離され、たった一人で苦しみと向き合わねばならない時間。

「最後の港で一緒に降りよう」

そう言ったものの、ひどく残酷なことを言ったような気がして、私はしばらく落ち込んでいました。あれから、慎太郎は予定通り薬の投与を受けて、案の定ぐったりとしてしまいました。しかしそれ以来、治療をやめたいとは言わなくなりました。

結局、私が息子に生きていてほしいから、治療をやめないでほしかっただけじゃないのか。この子はその想いに応えようとしているだけじゃないのか？　と、私は自分を責め続けました。

ある夜、慎太郎は珍しく体調が良く、急に車椅子で一人で展望台へ行きたいと言い出しました。たとえ病院内でも一人で出歩かせることが怖かった私はついていく、と言いましたが「一人で行く」といって聞きません。渋々エレベーターまで見送り、あとは一人で行かせました。

ほどなくして、帰ってきた慎太郎は、なんとなく晴れ晴れとした顔をしておりました。

「どうだった、夜景、綺麗だったでしょ？」

「うん、綺麗だった」

「良かったね」

「夜景見てると、凄く自分が小さく感じるよね。自分一人がこの世からいなくなっても誰も困らないし、変わらないし、タイガースも試合するし……」

「慎太郎がいなくなったら、お母さんは困るよ」

「ああ、お母さんはね」

慎太郎は少し笑いました。

「けど、帰ってくる途中で、他の患者さんたちに会って。みんな、辛そうだね。俺も辛いけど、みんなも辛いよね。俺はまだ鍛えてたし、体力があるからマシかもしれない。お年寄りとか、子どもとか、女の人とか……キツいよね。なんでこんなに辛い思いをしないといけないんだろう。あの人たちだって、悪いことしたわけじゃないだろうに。なのに、なんであんなに落ち込んで、ずっと俯いてなきゃいけないんだろ」

私はなんにも言わずに聞いておりました。慎太郎はふたたびじっと考え込むと、

「俺、病気に勝ちたい」

と顔を上げました。

「俺が治ったら、あの人たちも勇気出るよね。治るんだって思えるよね。だったら、治りたい。元気になりたい。勝てるぞって、証明したい」

「慎太郎が目標になる?」

そう言うと、慎太郎はハッとしたように顔をほころばせました。

「あ、そうか。俺が目標になればいいのか。そうだね、だったら俺は絶対治らないとダメだね。うん、分かった。そうか。俺が目標になればいいんだ」

慎太郎は頷きました。心なしか、顔色が明るくなったように見えました。

「みんなの目標になる。それが俺の目標」

その時、急に暗い室内が明るくなったように感じました。この時の慎太郎にとっては、何気

ない、自然な気づきだったのかもしれません。慎太郎は、ギリギリのところで、治療を続ける努力を選んだのです。

私たちにとってそれは、紛れもない、朝陽の訪れでした。

年末も押し迫ったある日、一本の電話が入りました。

「来年春に出版が決まりましたので原稿の最終確認をお願いしたくて」

入院前に原稿を依頼されて、慎太郎が黙々と机に向かって書き綴った半生の自伝、『奇跡のバックホーム』がいよいよ来年出版されるというのです。電話がかかってきて初めて、担当編集者の小林さんには、闘病中であることをお話ししていなかったことを思い出しました。今はちょっと……と言いかけて、ハッとしました。

「みんなの目標になる。それが俺の目標」

これは追い風になるかもしれない。

「分かりました、期日をお知らせください。息子に伝えます」

2度目の入院をしていることを知ると小林さんは驚きましたが、私はこのまま進めてほしいとお願いしました。

「慎太郎、いよいよ本が出るよ!」

そう言いながら小林さんが送ってくださったゲラを手に取らせますと、「わあ……」と驚いて1ページ、1ページ、丁寧にめくりました。

「修正したいところがあったら、直してほしいって」

「分かった」

その日から慎太郎は真剣に校正を始めました。目の状態は以前と変わらず、文字もブレて見えることがあったので、休み休み、時には私が音読しながら細かく修正を入れていきました。

「励みになるので、連絡は頻繁にくださって構いません」

そうお伝えしておいたので、小林さんは何かと電話をくださいました。装丁のイメージ、帯、目次……次々に本の形ができ上がっていき、私もその過程を見せてもらい、ワクワクしていました。

「凄いね、本が出せるなんて、本当に凄いよ」

真之や真子も励ましてくれました。

「講演に行けなくても、この本でたくさんの人が元気になってくれたらいいな」


この頃から慎太郎は治療を辛いとは言わなくなりました。もちろん体が苦しいことに変わりはなかったと思いますが、絶対に治すという目標が定まったことで、前を向くことができたのです。クリスマスも年越しも病室で過ごし、二人で「あと少し、あと少し」と声をかけあって、やっと迎えた2021年の1月の終わり。

「腫瘍はすべて取れました！」

担当の先生の明るい報告に、慎太郎は熱い涙を流しました。入院から5か月。最初の入院よりも期間は短かったものの、倍ほどに長く感じ苦しかった。

退院後、病院を一歩出た時の気持ち良さ。冷たくも春の匂いのする風が頬を撫で、私も慎太郎も空を見上げました。

「目標、達成だね」

そう言うと慎太郎は、

「達成してこそ目標だから」

と小憎らしいことを言います。二人とも、目は泣きすぎて赤くなっていました。

「もう二度とここへは来ない……」

そう決意して、私たちは鹿児島へと帰りました。

鹿児島に戻り、慎太郎はふたたび一人暮らしのマンションへ帰りました。

私たちの家から歩いて15分ほどとはいえ、今度ばかりは真之も私も大反対したのですが、本人は頑なに譲りませんでした。一度決めたことは絶対にやるのが慎太郎ですので、私は毎日、何かと理由をつけては様子を見に行くようにしました。

慎太郎の綺麗好きは健在で、マンションは常に塵《ちり》一つ落ちていません。魚でも焼いて持っていこうものなら「匂いが……」と小言を言われるほど（そのくせ、目の前の焼肉屋さんから漂う匂いは好んで嗅いでいました）。

インテリアも殺風景なほどにシンプルで、リビングも裸電球一つで済ませているので、

「ちゃんと照明つけたら？」

と提案すると、

「明かりはこれがちょうどいい」

と譲らず、私が暗い暗いと文句を言うと「だったら帰れば」と一蹴される、いつもの日常が戻ってきました。もう二度と病気はごめんだと思っていたので、食事はヴィーガン食を心がけました。選手時代は肉ばかり食べていた慎太郎ですが、この頃からは野菜を好んで摂るようになっていました。

そういった生活の変化もあったのでしょうか、退院後の慎太郎はとても穏やかで人に対し優しく朗らかになった気がします。毎朝のジョギングは散歩に変わりましたが、すれ違う人に自分から進んで「おはようございます」「こんにちは」と挨拶をしていました。

ほどなくして約束通り、遠藤さんが取材のためにはるばる鹿児島まで来てくださいました。慎太郎は喜んで、大好きな桜島の見えるウォーターフロントパークに案内し、芝生の上でインタビューを受けました。遠藤さんは最初、すっかり細くなってしまった慎太郎の体を見て少しショックを受けたようですが、会話が進むうち、

「ちっとも変わってへんな、ヨコは」

と、いつも通りの軽快なやり取りで取材を進めてくださいました。今の生活と気持ちを聞かれ、慎太郎はゆっくり考えながら、

「まずは、体に感謝しています」

と答えました。

「キツい治療を乗り越えてくれて、この体には本当に感謝していますし、たくさんの人が支えてくれて2度目の命をもらったので、今度は人の役に立ちたいと思います。今は……そうですね、普段の何気ない生活が、本当に幸せです」

聞いている遠藤さんの目がみるみるうちに潤みました。

「なに泣いてるんですか」

「すまん。ほんまに辛かったんやな、よう頑張ったなって……」

「はい。戻ってこれて良かったです」

遠藤さんだけでなく、阪神球団も（もう引退したにもかかわらず）気にかけていてくださり、退院を喜んでくださいました。川藤さんはYouTube番組で、慎太郎がファンの皆さんに2回目の闘病についてお話しする機会を作ってくださいました。引退してなお、慎太郎を応援してくださっているファンの皆さんから多くの応援メッセージが届き、慎太郎はその一通一通を丁寧に、じっくりと読んでいました。

2021年5月。ついに慎太郎の著書『奇跡のバックホーム』が出版されました。病床で校正し、想いを文に託し、多くの方の心へ届けと願い、バックホームの瞬間の慎太郎の写真を表紙にした本が、全国へと出ていきました。この本が出たことにより、テレビの取材、講演の依頼がぐんと増えました。

依頼はすべて、慎太郎が自分で受けておりました。電話やメールも直接来るのですが、スケジュールを見て空いていれば、息子は二言目には「ぜひ！」と言って引き受けてしまいます。放っておくと何日も連続で講演会で埋まってしまう日もありました。リモートもありましたが、直接会場でお話しするものも少なからずありました。それも東京、大阪、福岡と、会場は決して近いとは言えません。飛行機に乗らねばなりませんし、宿泊も必要です。

「まだ本調子ではないし、なんでも引き受けていては体がもたないよ」

と、私が心配して言えば必ず

「いや、講演会はやる。日程が被らない限りは断らないよ」

と返ってきます。家族からすれば、とにかく今は体を治すことに専念してほしいと思っているのに、本人はそれと同じくらい講演に行きたいというのです。2022年になり、コロナが収束の兆しを見せ始めると、リモートは減り、直接お話しする機会が増えました。慎太郎も、実際に会場でお客様に触れ合うことを好みました。

腫瘍はすべて取れたとはいえ、筋力の衰えで歩行は以前のようには難しく、重い荷物を持つのも難しいので、講演会へは必ず付き添うようにしました。

講演会に際して、話す内容は原稿に事前に書き、それをすべて丸暗記して話しておりましたので、1回の講演で相当な練習が必要でした。

「原稿できたから、ちょっと見て」

と私に原稿を渡し、部屋の真ん中に立ち喋り始めます。

「早口だから、もっとゆっくり、ゆっくり！」

「目線が泳いでる。一点だけじゃなくて、右、左、まんべんなく見て」

私がまるでディレクターのように指示を出すので、しまいには「うるさい」と言われてしまうのですが、それでも事前リハーサルは絶対に欠かしませんでした。私も何度も聴いて原稿はほぼ覚えてしまっていましたので、当日の会場でも席の後ろのほうに立って「ゆっくり〜！」などとジェスチャーを送っていました。

1度目の闘病よりも2度目に生還できたという感動のほうが大きく、きっと本人としてもそれを伝えたかったのでしょう。「みんなの目標になることが目標」という誓いを、確実に果たしているように思えました。同時に、多くの方から感謝の言葉、勇気をもらえたという喜びの声が直接届き、それらが本人の生きる力にもなっていたのだと思います。

定期検査は、3か月に1度、大学病院へ通っていました。私も欠かさず同行していましたが、2度目の闘病の後は順調にその年を過ぎ、2022年の春を迎えました。

「もう二度と病気はしない」

そう誓って毎日を健康的に過ごしておりました。

5月。いつものように定期検査で大学病院を訪れた時です。

「この影がどうも、怪しいですね」

先生がじっとパソコンに映し出された写真を見ながら言いました。その言葉で私は一瞬、凍りつくほどのショックを受けました。

「怪しいっていうのは何なんですか」

慎太郎が聞きます。表情がこわばっていました。まさか、まさか……。

「次は来月来ていただけますか。治療の必要があるかもしれません」

また⁉

この時のショックはなんと言い表せばいいのでしょう。もはや落ち込むとか、怖いとかいうレベルを通り越して、無性に腹が立ってきました。

「また、ですか⁉　また治療しないといけないんですか！」

いったいなんなのだ。治しても治しても潰しても潰しても追いかけてくる。

この病気というやつは、なんの恨みがあって息子の人生を食い荒らすのだ！

私の口調は腹立ちのせいでかなり強い言い方になっていたかもしれません。先生はまたも抗がん剤の治療をする必要がある、とおっしゃいます。つまりは脳腫瘍の再発でした。

しかし、2回の治療でもう限界を超えるまで頑張ったのです。もうこれ以上抗がん剤治療は無理です。体も心も、もう耐えられません。まともな精神を保っているのがやっとだったのです。

このまま放置すれば確実に進行してしまう。治すためには仕方がない、と先生はおっしゃいます。けれど私はどうしても、今度ばかりは「お願いします」と言えずにいました。

どうしてこんなに何度も何度も襲いかかってくるのだろう。

治したい。慎太郎に健康になってほしい、元気になってほしい。そのために必要なことは全部やってやりたいし、これまでもやってきた。それなのに、なぜ……。

慎太郎はきゅっと唇を結んで押し黙っています。その横顔を見ると涙が出てきました。

私は先生に言いました。

「もちろん、治したいです。病気があるなら、治したいんです。でも……同じくらい、人として生きる時間も大事にしてやりたい……」

最後のほうは、涙でなんにも言えなくなってしまいました。慎太郎はゆっくりと立ち上がり、先生に深々と頭を下げました。

「僕は講演会活動を続けたいと思ってます。だから、もう入院はしません」

「だけど、それじゃ……」

「分かってます」

慎太郎の決意は変わりませんでした。

入院はしない、講演会活動を続けるということが、何を意味するのか。

この時、本人はよく分かっていたはずです。

私も本人の意思を尊重し、入院はしないと決めました。結局、病院からは飲む抗がん剤を処方していただきました。点滴で受ける薬に比べ、効果は低い代わりに副作用もほとんどなく、普通に日常生活を送れる程度のものということでした。正直、この薬を飲んだところで、病気の進行を抑えられるかどうかは分かりません。

「本当に、治療はもう受けないの？」

大学病院を出る時、慎太郎を見上げると彼はまっすぐに前を向いて言いました。

「今の俺には、治療よりもやりたいことがある」

「やりたいこと……?」

「うん。だから帰ろう、お母さん」

慎太郎は凛と背筋を伸ばして病院のドアを出ていきました。

目の前には美しい夕陽が広がっていました。ああ、こんな夕陽を前にも見たことがある。たしかあれは、鳴尾浜球場で、引退試合の後。セレモニーを終えファンの方一人一人に挨拶をする息子を、美しい夕陽が照らしていた……そう思うと、ふたたび涙が溢れてきました。けれど、慎太郎は泣いてはいませんでした。あの日と同じように美しいオレンジ色の光の中を、ただひたすらに、まっすぐに歩いていきました。


私たちは病気の再発を誰にも話しませんでした。病との闘いが3度目に入ったことを知っていたのはこの時、家族4人だけでした。家族みんなで、慎太郎の意思を尊重しようと決めたのです。

6月4日には兵庫県相生市で開かれた市民の集いに招かれ、講演のために相生市文化会館へ向かいました。慎太郎はもちろん、この日も原稿を丸暗記して、リハーサルにリハーサルを重ねておりました。

会場には担当編集者の小林さんもいらしていて、『奇跡のバックホーム』も販売していただきました。特別にサイン本を販売するということで慎太郎もはりきってサインをしていましたが、一冊、一冊、サインをする作業すらかなり体力を消耗するらしく、「講演に体力を残しておきたいので後でもいいいか」と相談をしていたくらいです。

600人入る大ホールはほぼ満席でした。阪神の地元ということもあり、タイガースのユニフォームを着たファンの方々も多くいらっしゃいました。慎太郎は真っ青なスーツに身を包み、ホールのステージに立ちました。

「今、苦しい思いをされている方、悩み苦しんでいる方、絶対に自分に負けず、自分を信じて、そして目標を持って、目標から逃げず、少しずつ少しずつ前に進んでみてください。きっと、幸せが来ると思います」

あの〝奇跡のバックホーム〟のように――。

慎太郎は全身全霊で、そのメッセージを会場中の人々に届けました。文字通り、自分の命を削って。

講演が終わると、会場は大きな拍手に包まれました。慎太郎は丁寧に一礼します。私も舞台袖から大きな拍手を送りました。

講演後の質疑応答では客席の皆さんと慎太郎とで、笑いも混ざった楽しいやり取りが繰り広げられましたが、最後に後方の席の女性の方にマイクが回りました。

「横田さん。実は先日、大きな病気かもしれないと言われて検査をしました。今結果を待っていますが、もし、これから治療をしたり手術したりしないといけないとなると、怖くて仕方がありません。お願いします。横田さんから頑張れって、言葉をいただけませんか」

会場はしんと静まり返りました。

慎太郎はその女性をまっすぐ見つめて、マイクを取りました。

「大丈夫です。どんな結果だったとしても、前を向いて、一つ一つ、目標を決めて、進んでください。それに一人じゃないです。この会場の皆さんで、頑張れって言いませんか」

私は驚きました。急に慎太郎が客席を見渡して、

「皆さん、一緒に頑張れって言いましょう」

と呼びかけたのです。インタビューでもしどろもどろで、人前で話すことが苦手だった息子が、原稿のないアドリブの状態で客席に呼びかける行動は、あまりにも意外なものでした。

「じゃあ、みんなで言いましょう。頑張れ！」

その瞬間、会場全体から大きな「頑張れ！」がこだまし、続いて温かな拍手が湧きました。

女性は何度も頭を下げました。泣いているようでした。


人を救う。

言葉では簡単でも、これは並大抵の行動ではありません。慎太郎は、それをやろうとしている。この時、肌で感じました。自分の体験を伝えること。その目的は、人を救うこと。ただ、その一点だと。そのために自分の命を削っているのだ。そしてそれが今の慎太郎にとって〝生きる〟ということなのだ。

そう、強く思えたのです。

6月9日。慎太郎の27回目の誕生日でした。

『奇跡のバックホーム』の文庫本を出していただくことが決定し、同月25日には大阪でファンミーティングを開催しました。変わらず笑顔を見せてくださるファンの方々、そして遠藤さんも駆けつけてくださいました。

「文庫本には、2度目の闘病のことも書き加えました。価格が安くなったので、学生の人に読んでもらいたいです」

慎太郎の言葉を、遠藤さんは記事にしてくださいました。インタビュー以外は相変わらずバカ話で笑いあう二人を見ながら、私は思わず思いました。

来年も同じように祝うことができているだろうか？　来年の誕生日、慎太郎はいったいどうなっているのだろう、と。しかしこんな不安はなんの役にも立たないことも分かっておりました。不安であろうとなかろうと、来るべき未来は来るのです。

私は考えるのをやめ、今、目の前にいる兄弟のような微笑ましい二人のやり取りに、ただ、笑おうと思いました。

2022年9月。

慎太郎は母校、鹿児島実業高校のグラウンドに帰ってきました。コロナ禍で大会が相次いで中止となる中、地元の球児たちを励ます会が企画され、その始球式に招かれたのです。

まさに10年ぶりに立つ懐かしいグラウンド。真っ白なTシャツに身を包んだ慎太郎は、後輩の高校球児たちが見つめる中、グラウンドに一礼してからマウンドに立ちました。

ピッチャーとして、背番号1番を背負っていたあの夏の日が、遠い昔のようです。

投げ込む相手は、鹿児島出身の先輩バッター、川崎宗則さん。

もちろんセレモニーですから川崎さんが打ち返すことはありませんし、形だけでもいいのです。けれど野球に対して失礼がないように、息子は全力でこの一球に向き合いました。

実はこの時、慎太郎の右目は、すでに失明していました。

言うまでもなく、それは病気の進行を暗示していました。治療せず、講演のために各地を飛び回っていた慎太郎は、それでも病院へ行こうとはしませんでした。

「右目がなくたって、左目があるじゃない」

息子は平然と言いました。

「だったら、お母さんが慎太郎の右目になるよ」

「いや、なれないから。そんな簡単に〝目になる〟とか言われると腹が立つ」

「あら、そう?」

「そうだよ」

実際に一人暮らしもやめず、原稿もメールの返事も自分で書くことをやめませんでした。

そんな状態でしたので始球式のお話をいただいた時はどうしたものかと思ったのですが、本人は、お得意の「ぜひ!」の二つ返事で引き受けてしまいました。

「絶対にストライクとりたいから、練習付き合って」

真之にグローブを渡し、久しぶりに子ども部屋の箱を開けて自分のグローブを引っ張り出し、公園でキャッチボールを始めました。

「うわあ……久しぶりだ……」

そう言いながら真之のグローブにボールを投げ込みます。パシ! といい音がしました。

「よーし、いい球!」

真之は笑顔でそっと投げ渡します。

最初は距離が飛ばず、勘を取り戻しても片目が見えないためにコントロールが難しく、真之から細かく指示を受けながら毎日、投球を続けました。少しずつ少しずつ、目標を立てて距離を離していきました。

親子であんなにキャッチボールをしたのは、あれが最初で最後だったかもしれません。

始球式の本番は一球勝負。慎太郎は緊張した面持ちでグラウンドに向かいました。投球前、パン、パン! とボールをグローブに当てる音は現役時代と変わらぬ弾んだ音でした。

「プレイボール！」

掛け声がかかると、息子は姿勢を正し、右足を踏み込んでまっすぐにバッターボックスに向かって投げました。白球は緩やかに、しかしまっすぐに弧を描き、パシ！　といい音を響かせてキャッチャーミットに収まりました。

「ストライク！」

「ナイスピッチング、横田くん！」

川崎さんはバットに空を切らせ、笑顔を慎太郎に返しました。

「ありがとうございました！」

大きな拍手の中、慎太郎は全方位にきっちり礼をし、静かにマウンドを降りていきました。きっと片目が見えなかったことは、その場にいた誰も気づかなかったはずです。

息子の生涯最後のプレーは、母校のグラウンドでのストライクでした。


少しずつ少しずつ、息子の時間が落ちていくのを感じていました。

大阪の病院で講演をしていた時のことです。9月とはいえまだ暑く、会場ではクーラーを効かせていました。そのクーラーがこともあろうに、演台の真上にあったのです。講演を行っていた慎太郎の頭にクーラーの風が直撃し、だんだんと顔色が真っ青になっていくのを感じました。これはダメだ、と思った私は急いで会場の方に空調を切るようにお願いしたのですが、慎太郎の唇はどんどん真っ青になり、今にも倒れんばかりになっていきます。しかし途中で演壇を降りることはできません。私はもう、演台の下に入って息子の足を支えておきたいくらいの衝動に駆られましたが、もちろんそんなわけにはいきません。息子は必死で立ち続け、最後まで講演を行いました。

私はステージを降りてきた息子の体を抱きかかえるようにしてタクシーに乗り、ホテルへ帰りました。間の悪いことに次の日は富山、そしてふたたび大阪と、立て続けに出張講演が続いていました。

「こんな状態で新幹線で行ったり来たりは無理だよ、キャンセルしよう」

「しないよ。寝れば治る」

「お願いだからもう少し自分のこと考えて。講演より体が大事でしょう！」

「どっちも同じくらい大事だから」

久々に大喧嘩して、慎太郎は不機嫌になってバスルームへ行ってしまいました。しかしそれからしばらくして、突然。

「来て！……お母さん、来て！」

バスルームから叫ぶ声がして慌てて飛び込むと、息子は体を痙攣《けいれん》させていました。私はすぐさま彼の体を湯舟から出して水分を拭き、救急車を呼びました。慎太郎は初めての経験に顔が恐怖にひきつっています。

「大丈夫、大丈夫」

いつも通り大きな声をかけながら、すぐに救急病院へ運ばれ、処置を受けました。

それからというもの、いつ倒れるかと気が気ではなく、私はどこにでもついていくようにしました。朝、ただ散歩するだけでも不安なのです。

「マザコンみたいだから……やめてくれない？」

慎太郎にそう言われても「はいはい」と言いながら、3歩後ろをついていく……そんな日々が始まりました。これまでも二人三脚でしたが、だんだん一心同体になっていくのを感じていました。今、慎太郎が何を考えているか、会話をしなくても分かるようになってくるほどです。

一度、忙しさのストレスで帯状疱疹《たいじょうほうしん》を起こしたのですが、その1週間後には私も同じ場所に疱疹を作ってしまい、病院の先生からは

「帯状疱疹は伝染《うつ》る病気じゃないけど、これは完全に伝染ってるね……親子で」

と感心され、苦笑いしました。

私はとにかく必死でした。秋が深まり、冬が目の前に見えてくる頃になると、慎太郎の体はますます細く白く、透き通るような存在になっていくように感じました。

それと同時に、この時期、慎太郎がますます遠い存在になっていくような、不思議な体験を立て続けに目の当たりにするようになりました。

2022年の暮れ。長崎で講演を行っていました。

いつものようにきっちりと原稿を作成し、何度も練習したスピーチをしている最中でした。

舞台袖から見ていた私は、少し前から慎太郎の調子が悪くなってきているのを感じていました。

その日は朝からあまり体調が良くなく、講演会の中止をお願いしようとしたのですが慎太郎は断固として会場へ行くと言い張りました。

講演が始まってから50分近く、立ちっぱなしで話しています。見ているうちに、額にはあぶら汗が浮かび、顔色は真っ青になって震え始めたのです。

「もうダメだ、中止しないと……！」

運営スタッフの方に目で合図を送りましたが、スタッフの方は慎太郎の話を夢中で聞いていて、こちらを向いてくれません。慎太郎は声を震わせながらも、リハーサル通りに話し続けています。私はいつ倒れるか、いつ倒れるかと気が気ではありません。しかし聴衆の皆様もしんとして聞き入っているので私が無理に出ていくわけにもいかず、生きた心地がしないまま、結局慎太郎は最後まで講演をやりきりました。満場の拍手の中、舞台袖に引っ込んできた時は汗をびっしょりとかいて、顔は真っ青、今すぐに倒れてもおかしくないくらいでした。申し訳ないながら、質疑応答のコーナーはお断りし、控え室に連れ帰ってソファに横たわらせました。

しばらくして、少し落ち着いてきた慎太郎はじっと天井を見上げておりました。

「最後までよくやったね。頑張ったね。偉いよ」

そう声をかけてやると、天井を見上げたまま、息子はぼんやりと言いました。

「さっき、俺がいたんだよね」

「え？」

「俺がいたんだよ。会場に」

「どういうこと?」

「青いスーツ着て、真正面の通路に立ってた。じっと俺のこと見てた」

私は一瞬、背筋がゾッとしました。もう一人の慎太郎?

「怖い顔だったんだよ。お前、最後までちゃんと話せ、って言っているみたいな」

「怒ってたの……?」

「いや、見張ってた感じ。だから、辛かったけど、最後までやった。そしたら、消えた」

講演会を行っていたのは小学校の体育館でしたから、慎太郎の言っている真正面の通路、というのはおそらくキャットウォークのことかと思います。ということは、ステージ上にいる慎太郎からすれば、ちょうど目の高さより少し上の位置。その日、慎太郎が着ていたのは真っ青なスーツでしたので、まったく同じ格好をした自分が上から見つめていた、ということになります。

「たぶん……慎太郎が倒れそうだったから、もう一人の慎太郎が、心配して見守ってくれていたんだね」

「ああ……そういうことね」

この現象をなんというのか、私には分かりません。が、慎太郎はこの時期、このような不思議な体験を幾度か繰り返しているようでした。

体調は少しずつ悪化していきましたが、慎太郎はそれに逆らうように、まるで駆り立てられるように、講演会の予定を詰め込んでいきました。体が移動に耐えられなくなり、リモートに切り替えていきましたが、それでもやめようとはしませんでした。

2023年1月の終わり。大阪の中学校の授業で、リモートでの講演が行われました。自宅から画面に向かって話すスタイルなので、もし途中で調子が悪くなったらすぐに画面を切ることができます。私は担当の先生に、

「いざとなったら画面を切ります」

とお伝えし、少し離れた所で見守っていました。リモートとはいえ、いつもの講演会とまったく変わらず、原稿を作り、その原稿を丸暗記して何度も練習し、原稿を持たずに画面の前に立ちました。慎太郎は几帳面で綺麗好きだったことに加え、服や靴も本人なりのこだわりがありました。決してお洒落というわけでもないですし、高級品には興味がありませんでしたが、服はきちんとアイロンをあて、靴もピカピカに磨いたものでなければ決して履きません。この日もバストアップしか映らないにもかかわらず、上から下までスーツを着て、ネクタイをきっちりと締めておりました。

原稿の半分くらいを話し終えた時でした。

突然、慎太郎がよく分からない言葉を話し始めたのです。いつもの早口のせいで何を言っているのかよく分からなくなることがあったので、最初は、もう少しゆっくり……と伝えようとしたのですがハタと立ち止まりました。

これは……、日本語ではない。

一瞬、何が起こっているのかがまったく理解できませんでした。慎太郎の話している言葉が、明らかに日本語ではないのです。英語でもない、中国語でも韓国語でもフランス語やイタリア語でもない……これは、なんだ……？　私自身もパニックを起こしながら、そしてハッと気がつきました。

エジプトの言葉です。

昔、独身の頃、私は通訳の資格を取りたくて、その取得コースを受講したことがありました。しかし当時、英語やヨーロッパ圏のコースは人気が高く空席がありませんでした。エジプトの公用語（アラビア語）ならすぐに受講できるというので、とにかく資格が欲しかった私は、そのコースを受講したのです。私には覚えのある言葉でしたから、今、慎太郎が話している言葉がアラビア語だとすぐに分かったのですが、なぜ、いきなり彼がそんな言葉を話しているのかはまったく分かりません。しかも慎太郎自身はそのことにまったく気づいていないようなのです。

しかし明らかに、授業を受けている中学生の間にはざわつきが広がっていました。無理もありません、いきなり外国語で話されても意味不明でしょう。次第に慎太郎もその反応に気づいたようで、チラチラと私に目線を送ってきました。

「俺、なんか変なこと喋ってる……？」

私は目で合図しながら、急いで隣の部屋で担当の先生に電話しました。

「すみません、ちょっと本人体調が悪く、混乱しているようなので……」

講演はいったん中止、ということでリモートは終了しました。慎太郎はまだ、自分が何を話していたかを分かっていないようで、何がダメだったの？　と聞いてきます。私は、実はあなたはエジプトの言葉を喋ってたのよ、とは言えず、その場はお茶を濁して、とにかく疲れているから休んでね、と促しました。

それにしても、今の現象はいったい何だったんだろう……？

これまで本人が勉強したことなどもちろんありませんし、胎教で聞かせた覚えもありません。なぜ突然……？

この不思議な出来事について、後になってから知り合いの大学教授の方にお話ししたことがあります。真之や真子や、他の誰に言っても本当だと信じてもらえなかったのですが、この方は興味深く話を聞きながら、

「昔、エジプトにメシアと呼ばれた人がいましてね。彼はこう、両手を伸ばして人の肩に触れ、人の病や傷を癒すんです」

と、両手をまっすぐ前に突き出しました。私はびっくりしました。

「それ……！　それと同じことを、慎太郎もします！」

まさにそうでした。慎太郎は講演会に出向いた際、お客様との触れ合いの中で、病に苦しんだり悩みを抱えたりしている人には必ず両手を前に突き出して肩を触っていたのです。

「そうですか……。慎太郎くんもメシアなのかもしれませんね。僕はそのお話、信じますよ」

メシア……救世主。

いよいよ、私には息子が遠い存在に感じられ、分からなくなってきました。子どもの頃から、自分の子ではない、どこかから預かった子という感覚があった。それは本当なのかもしれない。慎太郎は、私たちの子ではなく、どこかずっと遠いところから来たような……。

「お母さん、よほど疲れとるな」

真之はこんな話をすると、本気で心配しました。私は至って元気、正気のつもりだったのですが、幻想を見ていると思ったのでしょう。そう思われても仕方がない、だって信じがたいことなのだもの。私もそれ以上は言いませんでした。

今でも、心のどこかで、慎太郎の引き起こす不思議な現象の数々の意味を追いかけ続けています。自分の命の灯が消えそうな刹那に息子が何を思い、考え、行動していたのか。そこには人智を超えた大きな力が働いている。きっと何かが、慎太郎を導いていたのかもしれないと、強く思うからです。そしてその〝何か〟が理解できれば、息子の人生もすべて、ちゃんと飲み込めるかもしれない。まるで先を急ぐように全力疾走で生き切り、短く終わった命の意味も分かるかもしれない、と願っているからです。

2月2日。

南九州市知覧中学校からの依頼で、リモートによる講演会を行いました。

慎太郎の話を、中学生の皆さんはとても熱心に静かに、じっと聞いてくださいました。慎太郎も一言一言、噛みしめるように丁寧に伝えました。そしてどの講演会であっても、必ず伝えてきた言葉を結びとして講演を終えました。

「これからも辛いこと、苦しいことがあっても逃げ出さず、互いに前を向いて、歩いていきましょう。絶対に、自分に負けず、自分を信じて、少しずつ少しずつ前に進んでください。きっと幸せな日が、来ると思います」

そして、これが最後の講演となりました。

2月の終わり。

慎太郎の体調はいよいよ目に見えて悪化していきました。襲ってくる頭痛のためにもう動けなくなり、ついに鹿児島の大学病院を受診しました。

「この状態になってしまったら、手術は難しい」

つまり、打つ手はもうない。やがてくる終わりの日を待つしかない、ということなのです。

私は必死で方法を探しました。何か手がある、まだ何かあるはず……！　すると、相談に乗ってくださった神戸のA社長から、神戸の大学病院に脳外科の名医がいる、彼なら手術を引き受けてくれるかもしれないと。予約困難だがなんとか頼み込んでみる、と連絡がありました。

私はすぐに慎太郎を連れて神戸へ向かいました。A社長から話を聞き、忙しい合間に時間を作ってくださった先生は慎太郎と向き合い、こう切り出しました。

「慎太郎くん、君はどうしたいのかな?」

慎太郎は先生の顔をじっと見つめました。

「手術していただきたいです」

驚くほど冷静で、まっすぐな目でした。

「僕はまた元気になって、講演会をしたいんです」

先生はじっと慎太郎の目を見つめ返し、頷きました。

「分かった、手術しよう。ただし3月20日になるよ」

あと20日以上……。すぐにでも手を打たなければいけない容態なのに……。しかし先生の抱えていらっしゃる患者さんは皆、同じような状況です。苦しんでいるのは自分たちだけではないのです。慎太郎はそのまま神戸の大学病院に入院しました。

病院ではまだ新型コロナを警戒しており、面会は1日15分だけ、と決められていました。私は神戸のホテルに泊まり、その15分の時間を楽しみに毎日を過ごすことにしました。これまでのように24時間つきっきりでいられない不安はありましたが、抗がん剤などの治療がなかったので、今は看護師の方にお任せするしかない……と、ただひたすらに慎太郎が穏やかに過ごせることを祈っておりました。

神戸は、のんびりとした優しい街でした。

たった15分の面会を終えると、私は気分を変えるため、病院からほど近い元町や三宮といった繁華街や異人館などの観光地へも足を延ばしました。〝パンとお菓子とワインの街〟と呼ばれる通り、パン屋さんやパティスリーが本当に多く、立ち寄って翌朝のパンを買って帰るのが唯一の楽しみとなりました。

もうこの頃になると、無理して明るくしようとしなくても、心は勝手に癒しや明るさを求めるようになっていました。自分が倒れないために。慎太郎がどれほど孤独の時間を抱えているか、分かってはいましたが、どうすることもできませんでした。

3月5日。先生から突然連絡が来ました。

「急ですが予定に変更が出ました。明日、手術ができそうです」

「明日!? ありがとうございます……!」

私は急いで真之と真子に連絡をとり、二人にも神戸に来てもらいました。手術してもらえる、助かるかもしれない……! 翌日、希望に胸を膨らませて病院に向かいましたが、そこで先生からされたお話は衝撃的なものでした。

「腫瘍は右脳に大きなものが一つ。また、呼吸器官を司《つかさど》るところに小さなものがあります。小さなものは難しいかもしれませんが、右脳の大きなものはおそらく手術で取れます。が……大抵の場合、この手術を行うと、多くの方が言葉を失います」

え?

沈黙が走りました。

「喋れなくなる、ということですか?」

「……そうです。右脳の言語を司る部分にできた腫瘍ですから、その可能性のほうが高いです。それでも、本当に手術を選びますか？」

ご家族で話し合ってくださいと先生は言い、いったん部屋を出られました。私たちは黙りこくっていました。慎太郎はうなだれ、真子は泣き、真之も唇を噛みしめておりました。どうすればいいのか、分かりませんでした。話し合いに使える時間は40分ほど。ここで決めなければ、この先生に手術をお願いすることは難しいかもしれません。

「慎太郎は、どうしたい？」

やっとのことで、私は言いました。

「……意識は、無事なのかな」

慎太郎の声は少しかすれていました。

「成功すれば、たぶん」

ふたたびの、沈黙。

「意識があれば、伝えることはできるよね」

「うん」

「喋れなくても」

慎太郎、自分がこんなことになってもまだ、誰かに伝えたいって思うんだね。凄いよ。

「お母さんが、慎太郎の口になるよ。代わりに皆に喋る」

息子はじっと私を見つめました。もう今は「いや、なれないから」とは言いませんでした。

「お願い」

これで決まりました。慎太郎の決断に、真之も真子も何も言いませんでした。自分で決めたことはやり通す。昔からそういう子なのですから。

手術はすぐに始まりました。

待つ間、私たちは皆、無口でした。あの最初の手術、18時間の大手術の時は、ずっと心臓がドキドキして生きた心地がしませんでしたが、今は心が漂白されたように何も感じず、ただぼんやりと慎太郎の声を思い出していました。

人前では口下手で、私にはなぜか上から目線で、真子とはじゃれ合い、真之にはどこか緊張して話していた、あの声。天然ボケ炸裂のYouTubeでのトーク。引退セレモニーでの、挨拶の言葉。

——これまで辛いこともありましたが、自分に負けず、自分を信じて、今まで自分なりに必死で練習してきて、本当に神様は見ているると、今日思いました。

自分に負けず、自分を信じて。

講演会で必ず伝えてきた言葉。これが慎太郎の人生を凝縮した言葉なのでしょう。ならば私は、この言葉だけは伝えていこう、必ず。

手術が終わったのは夜遅くでした。

「想定していた右脳のほうはすべて取れました」

術後、先生からそう報告を受けていると、手術室から慎太郎が出てきました。ベッドの上に横たわり、タオルケットのようなものを一枚、体に被せられています。

「さ……、さむい……！」

突然、慎太郎が言いました。

「寒いです、先生……寒い……！」

先生は仰天しました。

「横田くん、喋れるのか!?」

「え」

「喋れるんだな！」

「はい、あの、寒いです」

「これは……凄い。凄いな、横田くんは!!」

「はい、寒いです」

ひたすら寒い寒いと訴える慎太郎は、自分が喋っているという事実がどれほど凄いことなのかをまったく理解しておらず、私もとにかく慎太郎の体を温めることに頭が一杯で、その奇跡にまったく気づいていませんでした。

慎太郎が落ち着いて眠った後、先生は私たちにふたたび向き直りました。

「いやぁ、横田くんは本当に凄い。ひょっとして右脳と左脳、逆についてんじゃないのか？」

「はい、逆についてて良かったです。先生、ありがとうございます！」

冗談と分かっていながらそう返すと、先生は笑って頷いて、しかしすぐに私たち家族の顔を静かに見つめ、こうおっしゃいました。

「ただ、取れなかった小さいものに関して。……これが、ゆくゆくは命取りになるかもしれません。これからどうなさいますか？　もちろん、抗がん剤での治療の道も残されていますが……」

「慎太郎と話し合います。最終的には息子が決めます。これまでもそうしてきましたから」

先生は頷きました。

慎太郎は術後、ゆっくりと回復しました。何よりこの状態で言葉が話せること、意識がはっきりしていることは、まさに奇跡的としか言いようがありませんでした。先生は慎太郎と向き合い、穏やかに尋ねました。

「治療は、どうする？」

「……治療は、もうしません」

「そうか」

「はい」

「横田くん。君はこれから、どうしたい？」

慎太郎は先生をまっすぐ見つめました。

「元気になりたいです」

「……そうか」

「はい」

慎太郎は、まるで保健所に閉じ込められ、処分を待っている犬たちのようにおびえた目をしていました。当たり前のように体に針を刺され、点滴漬け、薬漬けの非人間的な生活。治療しても手術しても、何をどうしても良くならない体。医師や看護師さんに対してもどこか心を閉じて、不安な暗い目をしていました。

慎太郎の笑顔を最後に見たのは、いつだったろう。

できることならもう一度、思いっきり笑ってほしい。

「元気になりたいです」

まっすぐにそう言った息子を見て、私たち家族は覚悟を決めました。

A社長にも手伝っていただき、神戸で良いホスピスを探しました。神戸市は市民への医療援助が充実した市でしたので、慎太郎の住民票を神戸に移して垂水区の高台にあるホスピスへの入居を決めました。住宅地から少し離れ、静かで緑が多く、高台なので景色が良いのが決め手でした。

「これが最後だと思います。慎太郎と、一緒にいませんか」

仕事に戻らねばならない真子を新神戸駅に送ってから、神戸のホテルの部屋で私は意を決して、真之に言いました。治療をしない、という選択の先にあるのは、終末医療。ホスピスは体を治すための施設ではなく、ゆっくりと命を閉じていく場所です。

これが本当に、慎太郎との最後の日々になるのです。

しかし、真之はすぐに踏み切れずにいました。神戸に行って毎日を共にするには、仕事を辞めなければなりません。

「俺が仕事を辞めたら、金はどうする」

たしかに、ホスピスの入居にも相当のお金がかかります。これまでは保険利用や貯金を切り崩してきましたが、それも底をつき始めています。けれど。

「お金なんてどうにでもなりますよ。でも慎太郎とは、もう……」

「分かってる……」

「分かってません。あなた、もしここで決断しなかったら一生後悔しますよ」

「そうは言っても現実問題、俺たち二人とも仕事を辞めたら先が続かんぞ！」

「慎太郎はあなたにいてほしがってます！　このまま息子を逝かせていいんですか。野球も中途半端、仕事も中途半端、慎太郎のことも中途半端、あなたの人生、全部中途半端でいいんですか！」

真之は、口を固く結び、部屋を出て行ってしまいました。

今のは明らかに言いすぎだ。私にあそこまで真之を責める資格はない。だが慎太郎のことを思うと、どうしても最後は家族みんなで傍にいてやりたい。真子は仕方がないけれど、親である私たち二人だけでもせめて。

それから2、3時間、真之は戻ってきませんでした。

ようやく部屋に戻ってきたのは夜も更けた頃。ゆっくりとドアを開け、ベッドに腰を下ろしました。

「お母さんが正しいかもしれんな」

真之は両手を組み、一つ一つ言葉を選んでいるようでした。

「俺は、これまでの人生すべて、中途半端やったかもしれん」

「ごめんなさい、言いすぎました。いつも精一杯やってきたことはよく知ってます」

「いや、いい。どこかに逃げがあったのかもしれんと思ってな。今回も、俺は慎太郎から逃げようとしたのかもしれん」

「……」

「俺も、怖いんだ」

「……私もです」

「お母さんは強いよ。よく、これまで慎太郎と一緒に歩いてきてくれたな」

「ただ、必死だっただけ。女は強いんですよ。ピンチの時は雨が降ろうが槍が降ろうが、たとえそこら中が燃えてたって、子どもを抱いて走ることができるんです」

真之は、フッと笑いました。

「俺も逃げたら、いかんな」

「……はい」

真之は何度も頷きました。自分を納得させるように。

翌日、真之は鹿児島に戻り、鹿児島商業高校に辞表を提出しました。2019年からずっと野球部の監督を務めてきて4年目。生徒たちと一緒に甲子園出場を目指すという大きな目標の、まだ途中にありました。真之にとって、念願だった高校野球の監督という職を離れることは辛いことの一つだったに違いありません。しかし、自分の子どものこと以上に大切な夢や目標など、私たちにはなかったのです。

「甲子園のグラウンドに立つっちゅう夢は、慎太郎が叶えてくれたからな」

何もかも整えて、ふたたび神戸に戻ってきた真之の顔は、どこか晴れ晴れとしておりました。


4月。春らしく、うららかによく晴れた朝。

大学病院からタクシーに揺られ、私たちは慎太郎と共に垂水区へと出発しました。繁華街の喧騒を離れてのどかな住宅街の景色に移り変わるにつれ、車窓を眺める慎太郎の顔がリラックスしていくのを感じていました。

玄関口で、ホーム長さんが明るい笑顔で出迎えてくださいました。慎太郎は車から降りると、「お世話になります」

ときっちりと頭を下げました。ホーム長さんは「礼儀正しい」と笑いながら慎太郎を施設内に招き入れ、部屋へと案内してくださいました。大学病院の白い壁と蛍光灯に慣れていた私たちにとって、木目調の壁と柔らかな明かりは、それだけで心を落ち着かせてくれました。

入居して驚いたのは、ホームの雰囲気が非常に開放的で、まだコロナ禍にもかかわらず、面会は誰でも24時間OK、外出も食事制限もなし、お酒もデリバリーもOKという、なんとも自由な空間だったことです。

慎太郎の部屋は2階の一番奥。ベッドに向かって窓が大きく開かれ、空と山々が見渡せました。施設内は、明るくて気持ちよく、スタッフの皆さんもとても気さくでした。ホスピスではありながら、週に1回は医師の検診もあり、夜勤の看護師の方もいて安心感がありました。

部屋に入ると、慎太郎はまず窓に近づき、その景色に感嘆の声を漏らしました。

「ここは2階ですが、場所が高台にあるんでね。見晴らしはええんです。ほら、海が見えるでしょ？　瀬戸内海」

ホーム長さんが快活に遠くを指さします。慎太郎はかろうじて見えていた左目を凝らし、

「ああ、海ですね」

「夜になったら明石海峡大橋が点灯しますよ。こっからやったら綺麗に見えるんちゃうかな」

「楽しみです」

私も思わず笑顔でそう答えました。

その日は施設の説明を受け、慎太郎は用意していただいていた夕食をとりました。私たちは買ってきたお弁当を広げ、部屋で一緒にいただきました。当然のことながら、家族が部屋で寝

泊まりして付き添ってもなんの問題もありません。それが一番嬉しいことでした。慎太郎も家族と食事の時間を過ごすことは久しぶりだったので、多くは食べませんでしたが、安らいだ表情をしていました。

真夜中。

ふと目覚めると3時過ぎです。真之は隣の椅子で眠っていました。私は立ち上がり、そっとベッドサイドへ近づきました。慎太郎は幼児のように体を折り曲げて目を閉じ、じっとしていましたが、その左手を見て私はハッとしました。

ナースコールのボタンが握られています。

いいえ、握られているといったような生易しいものではございません。コードを手の甲にぐるぐる巻きにして、離れないように固く固く握りしめているのです。その左手を見た瞬間、胸に怒濤のように込み上げてくるものがありました。

大学病院で、独りぼっちの病室で、夜はこうして自分の身を守っていたのか。いつでも看護師さんを呼べるように。それほど、自分の体にいつ来るか分からない痛みと苦しみに不安と恐怖を抱えていたのでしょう。

どれだけの苦悩が息子を襲っていたのだろう。

怖かったんだね。今も、とっても怖いんだね。

こんなに力一杯コールボタンを握りしめて。

ごめんね、一人にして。

ごめんね。

私はそっと手を伸ばし、ボタンを握りしめた左手の指を、一本一本、ゆっくりと外していきました。もう一人にはしないよ。絶対に一人にはしないよ。傍にいますよ。

「お母さん」

息子が呟きました。

「なんで外すの?」

「これはもう、必要ないから。これからは、お父さんとお母さんがいるからね。用があったり、苦しくなったりしたら、すぐ隣にいるから、触るか、声を出してくれたら起きるから。もう一人じゃないからね」

「そっか」

「だから、ゆっくり寝ようね」

私はそっと慎太郎の頭を撫でました。小さい頃、よくしていたように。

慎太郎は目を閉じ、少しずつ体の力を抜いていきました。やがて安らかな寝息を立て始めました。私はそれでもずっと体を優しくさすり続けました。

今度ばかりは、船出せずに、船を降りましょう。

そして、今までとはまったく違う道を、家族みんなで歩いていきましょう。

道の先に何があるか、分かってはいるけれど。真っ暗な海の景色とはまた別の景色が見られるかもしれない。

そうやって歩いているうちに、そのうちに、必ず夜も明けるでしょう。

翌日から、とても穏やかな家族での生活が始まりました。

慎太郎の朝は相変わらず早く、5時頃には目覚めて起き上がり、ベッドを降りて窓の外を見たり、ロビーに出たり、時には庭に出て草花を眺めたりしていました。食事はホスピスから提供されるものを食べたり、スーパーから買ってきたり、宅配を頼んだりして楽しみました。制限は一切ありませんので、食べたい物を食べたいだけ食べました。

食事の後は少し話をしたり、昼寝をしたり。午後になると、慎太郎は外に行きたがったので、車椅子でホームの周りをぐるりと回ってみたりしました。資料で見ていた通り、とても日当たりが良く、緑が多く、空気も綺麗な場所でした。

「神戸っていいところだね」

「甲子園も近いしね」

「でも、さすがに、甲子園の風はここまで来ないよ」

「分からないよ、吹いてきてるかもしれない」

「そうかな」

そんな他愛もない会話が私たちに戻ってきました。1週間もすると、ストレスが少しずつ緩和したのか、髪の毛や髭《ひげ》も生えてきました。伸びてきた髭を朝、真之が剃ってやるのも日課となりました。相変わらず野球の話以外会話のない父と子でしたが、世話をし、させることで無言のキャッチボールを交わしているようでもありました。

月曜日と木曜日は、お風呂の日、とホームでは決まっていました。ホーム付きの介護士の方が体を洗ったり湯舟に入れたり、といった一連のお世話をしてくださるのですが、最初、「お母さんも一緒になさいますか？」と聞かれて躊躇《ちゅうちょ》しました。これまでいろいろと世話はしてきたものの、さすがに27歳の息子の体を洗うのは母親としては複雑でした。

「お任せします」

お風呂から上がったらゆっくり寝られるように、ベッドを整えておこうと思いました。

ところが、慎太郎がお風呂へ行ってから数分後に、介護士の方が部屋に来ました。

「お母さんを呼んでます！」

私は慌てて浴場へ走りました。また痙攣などを起こしたんじゃないかと気が気ではありませんでした。浴場のドアを開けると、ゴム靴にゴム手袋、ゴムエプロンをかけた介護士さんが慎太郎の体を洗ってくださっていました。慎太郎は、私を見て、表情のない目で言いました。

「俺、もう死ぬの？」

言葉がぐさりと胸に刺さりました。

「どうして？」

「だって……これは、死ぬ準備？」

しまった……。見知らぬ介護士の方に体を洗われ、周囲に家族が誰もいない状況では、たしかにそう感じても仕方がないのです。慎太郎は今、誰よりも死を間近に感じているというのに。

ずっと傍にいると言ったのに、また彼を不安にさせてしまった。激しい後悔が胸を突き上げました。

「何言ってるの、お風呂よ。月曜日と木曜日はお風呂の日！　そう決まってるって言われたでしょ？　ほら、体洗ってもらったら、ゆっくり湯舟に浸かろうね」

明るく笑いながら腕まくりして慎太郎に近づき、介護士の方と一緒に背中を流しました。慎太郎は表情を和らげて

「なんだ……そうか」

と呟きました。

ごめん、慎太郎。これからはお母さんも一緒にお風呂に入れるよ。大好きなお風呂の時間を、そんな風に不安にさせて本当にごめんね。心で何度も謝り、顔では笑いながら、慎太郎の体を湯舟に入れました。安心したのか、息子はフーっと息を吐いて、気持ちよさそうに目を閉じました。

それから1週間ほど経った頃、東京から真子がやってきました。まとまった休みが取れて、数日いられそうだと言うので、部屋の荷物を整理して3人で寝られるようにしました。

真子が部屋に入ってくると、慎太郎はびっくりしたような顔をしました。

「陽川さんじゃないですか！」

は？

真子は一瞬、キョトンとした顔をしました。陽川さんとは阪神タイガースの先輩選手、陽川尚将さんのことです。慎太郎はどうも本気で真子のことを陽川さんだと思っているらしいのです。陽川さんに間違われた真子は少々イライラしています。

「お久しぶりです、陽川さん」

「え、何。それはボケなの？」

「あれ、陽川さん。ピアスしたんですね？」

「陽川さんじゃないから！　あんたの姉だから！」

ついに真子はキレました。もともと天然が強い慎太郎のことなので、これが本気なのか真子をからかったものなのかいまだに分かりませんが、陽川選手といえば身長180センチの筋骨たくましい、いわゆるガタイの良い方です。決して真子と見紛《みまが》うような方ではないことは事実。真子としては「間違えるにしてもなぜ陽川さん……？」と合点がいかなかったに違いありません。真子は仕返しのつもりか、眠っている慎太郎の顔を撫でまわしては「やめて」と煙たがられていました。

苦しい治療のストレスから解放され、自由な気風のホスピスで暮らすうちに、慎太郎の顔色はみるみるうちに明るく、血色も良くなってきました。慎太郎の部屋の向かいの老夫婦は、二人で一つの部屋を使っていて、週末になると必ず宅配でワインとおつまみを注文して楽しんでいらっしゃいました。その光景は、こちらも病気を抱えていることを忘れさせてくれるほど心温まるものでした。まるでホテルかマンションのように部屋ごとのプライバシーはきっちりと守られていましたが、入居者の皆さんはとても親しみやすく、ロビーなどで顔を合わせても挨拶したり立ち話をしたり、いつも穏やかな空気が流れていました。

手術が成功し、大きな腫瘍を取り除いてもらったことで頭痛はなくなり、おかげさまで言語障害もなく、穏やかに暮らせていましたが、慎太郎の左目は、徐々に見えなくなってきているようでした。

慎太郎は病室のテレビにお友達からいただいたDVDプレーヤーを繋ぎ、ゆずのコンサートの動画を流していました。1回目の闘病の時、ゆずの大ヒットソング『栄光の架橋』に自分を重ね合わせて感動し、この曲から力をもらって復活までの日々を闘っておりました。引退した直後、私に新幹線の中でイヤホンの片方を渡して、

「歌詞が凄くいいいんだよ。俺にぴったりだと思って、心の支えにしてた」

と聞かせてくれたのもこの歌でした。

いくつもの日々を越えて
辿り着いた今がある
だからもう迷わずに進めばいい
栄光の架橋へと

この歌を今でも心の支柱にして「いつかゆずのコンサートに行きたい」と願っていたのです。

慎太郎は毎日、画面から流れてくるゆずのお二人の歌声で、自分の心を慰め癒しているように見えました。

「お母さん。ゆずさんから、何かメッセージもらえないかな」

突然、真子がそんなことを言い出し、私は驚きました。

「もらえるわけないじゃない！　一個人に」

ゆずは、言わずと知れたビッグアーティストです。そんな個人的なお願いができるような立場の方だとは思えません。

「今まで慎太郎は、病気の人からDMもらったら、一人一人にビデオメッセージを送ってたんだよ。慎太郎だって、もらう権利あるよ」

持ち前の勝気な性格で真子は言います。たしかに、慎太郎は病で苦しむ人からのSOSにはビデオメッセージで応えていました。でも、だからといって……。

私は無理だと言いましたが、真子は思い立ったら即、行動の人間ですから、さっそくあらゆる関係者に連絡を取り始めました。

「ゆずさんから、慎太郎にメッセージをいただきたいんです。どなたか、繋いでくださいませんか？」

考え得るすべての人に連絡を取っても、朗報はまったく届きませんでした。2週間以上が経ち、私は真子とそんな話をしたこと自体、忘れてしまっていました。

しかし、ある日のことです。

東京に戻った真子から電話があり、「ゆずさんに繋がった！」というのです。担当編集者の小林さんから知り合いの知り合いの知り合いを辿って、ご本人までお話が通った、と。私はあまりにびっくりして言葉が出ませんでした。

ゆずのリーダー、北川悠仁さんは慎太郎が現役時代から『栄光の架橋』を心の支えにしていたエピソードをご存じでした。現在の病状を知り、二つ返事でビデオメッセージをお送りします、と引き受けてくださったようで、もう私は夢のようで、連絡をもらった日はフワフワと足が浮いた心地がしました。数日後、本当に北川さんからビデオメッセージが届きました。

「慎太郎……！」

ベッドに横たわり、うつらうつらとしていた慎太郎は、ぼんやりと目を開きました。

「見て、慎太郎……、ゆずの北川さんからメッセージが……」

「え……？」

慎太郎はぼんやりとした表情のまま、こちらを見ました。私は震える手で、送られてきたURLをタップしました。すると映し出された動画から、紛れもなく北川さんご本人が、

「横田慎太郎さん、こんにちは」

と笑顔で呼びかけてくださいました。

「え、マジで……!?」

慎太郎は大きく目を見開き、食い入るように画面を見つめました。

『突然のメッセージ、びっくりしたかと思います。～中略～
今ね、とっても、大変厳しい時期だと思うんですけども、どうかまた復活して
そして、いつかゆずのコンサートにも来てほしいなって思ってます。～中略～
僕たちゆずは、慎太郎さんの闘病を心から応援しています。
いくつもの日々を越えて、必ず辿り着く場所があります。
待ってるんで、ぜひ復活して会いに来てください』

北川さんのメッセージを聞いている慎太郎の目から、涙がこぼれました。あとからあとから。

「良かったね」

とめどなく涙を流す顔を優しく撫でてやりました。慎太郎は、スマホの画面に向かって深々と頭を下げました。

「ありがとうございます……」

真之が入ってきて、話を聞くとそれは凄い！　と興奮し、もう一度再生しました。私も北川さんの優しい表情やお話の仕方にとても感動して、二人して何度も何度も再生したので、ついに真之は慎太郎から、

「見すぎなんだけど」

とツッコミを入れられてしまいました。

「あ、すまん。つい」

慎太郎は笑いました。そう、笑ったのです。数か月ぶりに、ついに、息子に笑顔が戻ってきたのです。私の目にもう一滴も残っていないと思われた涙が溢れ出てきました。

ああ、いい笑顔だ。やっぱり、慎太郎には笑顔が似合うよ。


神戸のホスピスでの親子3人の生活は、発病して以来初めての心安らぐ時間だったかもしれません。しかし頭の片隅にはいつも慎太郎を覆い尽くす病の影がありました。

「呼吸を司る部分に小さな腫瘍があり、それが命取りになるかもしれません……」

先生の言葉を時々思い出し、否定し、また思い出して、を繰り返していました。

5月のゴールデンウィークが明けた頃でした。

夕食を食べていた慎太郎が、誤嚥《ごえん》をしてしまったのです。飲み込んだ瞬間、激しく咳き込み、止まらなくなりました。慌ててドクターを呼び、処置が始まりましたが、なかなか飲み込んだものを吐き出せず、苦しみ始めました。次第に看護師さんたちもバタつき始め、私は胸騒ぎがしました。嫌な予感がします。私の母が他界した原因が誤嚥でした。そして今、慎太郎は腫瘍のために呼吸器が弱っている……。もしかしてこのまま……。嫌な妄想は走り出して止まりません。予感は的中し、慎太郎はあっという間に意識不明の危篤状態に陥ってしまったのです。

私はパニックになりました。ホスピスに来てまだ1か月。早い。あまりにも早すぎる……！

まだ、まだ逝かないで！

慎太郎の体は次第に呼吸がしづらくなり、血中酸素濃度がどんどん下がっていきます。数値が60を切ったらもう危ないと言われており、その数字にみるみる近づいていきました。看護師さんが私を見ました。

「お姉さんを呼んでください」

真子を？　もしかして、その時が来てしまったということ？　まさか、本当に……？

その瞬間、真之がいきなり慎太郎の体に飛びつき、肩をがっちりと摑むと慎太郎に向かって叫びました。

「慎太郎ー！　呼吸しろー!!　息を吐け、吐くんだ！」

物凄い剣幕でした。一瞬、ドクターも看護師さんも啞然として真之を見つめました。

「慎太郎ー！！！」

真之は慎太郎の顔に自分の顔を近づけて怒鳴りました。するとその怒鳴り声が聞こえたかのように、慎太郎がカッと目を開いたのです。真之はそれを見るとますます大声で叫びました。

「呼吸しろ！　息を吐け、吐け！　こうやってやるんだ、こう！」

真之はふうっと大きく慎太郎に向かって息を吐きました。慎太郎は見開いた目でじっと真之を見つめ、一生懸命それを真似しようとしました。わずかな息が、口から漏れ始めました。ふうーっ……、ふうーっ……と息を吐きます。

「次は吸うんだ、少しずつ、こうして！　スーっ！」

真之は今度は慎太郎に息を吸ってみせました。慎太郎はそれに続いてス、ス、と息を吸いました。

「いいぞ、そうだ慎太郎！　ふうー、スー！　ふうー、スー！」

「ふう……ス……、ふう……ス……」

「いいぞいいぞ、吸って！　吐いて！」

「ふう……スー……ふう……スー……」

「いいぞ慎太郎！」

真之はボロボロと涙を流していました。慎太郎は目を見開き、父がやる呼吸の後について、呼吸を続けました。少しずつ、少しずつ、数値が上がっていきました。

「お父さん、上がってきましたよ！」

看護師さんが叫びました。

「ふうー、スー！　ふうー、スー！」

「ふう……スー……、ふう……スー……」

「ふうー、スー！　ふうー、スー！」

「ふうー、スー、ふうー、スー……」

やがて二人の呼吸は重なって、一緒に力強く呼吸を繰り返しました。数字は60……70……80と上がっていき、そしてついに90を超えました。

「正常値です、峠を越えましたね！」

ドクターが笑顔になりました。私は力が抜けて、その場にへたりこんでしまいました。慎太郎はなおも真之と一緒に呼吸を繰り返しています。

「凄いぞ慎太郎、よくやった！　よくやった!!」

真之は頬を涙でぐちゃぐちゃにしながら笑いました。父親に褒められて、慎太郎の顔は心なしか誇らしげに見えました。


1度目の危篤は乗り切ったものの、慎太郎の体力は極度に落ちてしまいました。これまでは部屋の中では歩き回れたのに、ベッドに起き上がるのがやっとの状態になってしまったのです。しかしかろうじて目も見え、耳も聞こえていたので、たくさん話をしようと心がけました。危篤と聞いて真子が東京から飛んできて、慎太郎が寝た後で家族会議をしました。とにかく、今はこの3人が運命共同体。3人のうち誰かが倒れてもいけないから、体調だけには絶対に気をつけよう！　と誓い合いました。まるで大会前の部活のチームメイトのようでした。これほど家族の結束が強くなるなんて、普通の生活をしていたら味わえなかったかもしれません。

「せっかく会えるんだから、いろんな人を呼ぼうよ」

真子がそう提案し、私たちは一斉に慎太郎の親しい人に連絡を取り始めました。

近しい親戚、阪神球団の方々、引退後にお世話になった方々、お友達……。連絡先が分かる方々に限られましたが、なるべく多くの方に来てもらおうとお声がけしました。特に球団の皆様は、本当にたくさんの関係者、選手の方々が忙しい合間を縫って駆けつけてくださいました。川藤さん、田中秀太さん、北條選手、髙山選手、熊谷選手他、親しかった大勢の選手の皆さん。慎太郎は目を閉じている時のほうが多かったのですが、耳はしっかり聞こえているようで、皆の会話をちゃんと聞いていました。そのおかげでにわかに部屋は活気づき、慎太郎も息を吹き返したように見えました。

　皆さんが帰った後、夕方になって慎太郎が私を呼びました。

「お母さん、食堂の冷蔵庫にビールあると思うから、取ってきて」

「え?」

「瓶ビールと、C.C.レモンがあったと思う」

　私は真之と顔を見合わせました。ホスピス1階の冷蔵庫には、個人の私物は入れられません。しかもビール……? なんの話をしてるんだろう……? 首をかしげましたが、慎太郎が早く、と急かすので、

「分かった、取ってくるね」

　と、私は部屋を出ました。ああは言ったものの、どうしようかとロビーのソファにいったん座って、ちょっと深呼吸してみました。息子はいったいなんのことを言ってるんだろう……? ビール……?

「あ……」

　ハタと思いあたり、球団の宮脇さんに急いで電話をかけてみました。

『ああ! もしかしてそれ、寮の食堂の冷蔵庫のことですかね! 金本監督がいつも選手のためにビールを冷やしておいてくれてたんですよ。練習の後の夕食は、ビールを飲んで時間かけて食えって言ってね。そのことを言ってるんじゃないかな、横田は』

……やっぱり。私は電話を切るともう一度深呼吸し、部屋へ戻りました。

「ビールとC.C.レモン持ってきておいたよ。ここに置いておくね」

「良かった、ありがとう」

慎太郎は満足して目を閉じました。私は真之と目を合わせて頷きました。慎太郎は今、ここではない場所にいる。だから私たちも一緒に同じ場所に行こう、と。

さらに数日後、今度は真之を呼んで言うのです。

「お父さん、24番のユニフォームさ、今、高木さんに預けてるんだよね」

高木さんとは、もちろん虎風荘の当時の寮長さんのことです。

「大事なものだから、受け取ってきてくれない?」

そう言われた真之は、よし分かったと言って部屋を出ていき、しばらく間をおいてから、

「ここに置いておくぞ」

と戻ってくると、慎太郎は安心して目を閉じるのでした。

ある朝などは、急にハッと目を覚まして、大きな声で、

「しまった!」

と叫ぶので、私も真之も何事かとベッドに駆け寄ると、慎太郎は半身を起こそうとしながら周囲を見渡しています。

「今、何時!?」

「7時だよ」

「7時!? しまった、寝坊した!」

「どうして、どこ行くの」

「練習! 遅刻する」

「待って待って慎太郎、今日は練習ないよ」

「え?」

「今日は練習お休みだって、コーチから連絡きたの、覚えてない?」

「そうだっけ」

「そう。だから今日は寝てていいんだよ」

「なんだ……そっか、遅刻したかと思った」

「大丈夫。今日はお休み」

「そっか……良かったあ……」

そうして、心底ほっとした表情で目を閉じ、深い眠りに戻っていきます。

「ここを虎風荘だと思っとるんだな」

「そうね」

真之は慎太郎の髪を優しく撫でてやりました。二人は呼吸を共にした日以来、長年埋まらなかった父と子の絆を急速に満たすように心と心が近づいているようでした。

危篤状態から回復後ほどなく、ドクターが「お話があります」と私たち夫婦に会いに来ました。部屋に真子を残し、真之と共にロビーでお話を聞きました。先生は紅潮した表情で血液検査の結果を見せてくださいました。

「この結果を見てください。腫瘍があるにもかかわらず、全身をめぐる血液は正常値を示しています。白血球も、ほら」

それは今まで見たこともない結果でした。一般的に健康と呼ばれる成人男性のそれでした。

「どうして……？　他の方の結果と取り違っていることは……」

「ありません、間違いなく慎太郎くんのデータです」

「でも、腫瘍は消えていませんよね」

「はい、しかし他の部分の体は、健康に向かっているのです。これは通常ではあり得ないことです」

このホスピスへ来て、過酷な薬物療法から解放され、精神的なストレスからも解放されたこと、家族がいつも傍にいるという大きな安心感がこの回復に深く影響していることは言うまでもありません。それにしても、末期のがん患者なのに正常値とは、驚異です。

「僕、思うんです。慎太郎くんの体は、生きたがっている」

若く小柄なドクターは、ゆっくりと言葉を紡ぎました。

「先月のことも、あそこまで数値が下がってしまったら、並大抵の気力では息を吹き返しません。けれど慎太郎くんはお父さんの呼びかけに全力で応えた。彼はまだ生きたいんです。生きたい、生きたいって、体中の細胞が叫んでいるように僕には思えてならない」

ああ……。

生きたい。

そうだよね、慎太郎。そりゃ生きたいに決まってる。まだたったの27歳なのだ！　野球以外にもやりたいことたくさんあるでしょう。会いたい人だってたくさんいるでしょう。行ってみたい場所だってたくさん……。

「ホスピスは治療をするところではありません。穏やかな終わりに向かって、臓器を一つ一つ閉じていく場所なんです。なるべく安らかに息を引き取ることを目指す。そのお手伝いをするのが、ここでの僕らの役目なんです」

「はい、承知しています」

「けれどね、横田さん。僕は慎太郎くんを、治療したい」

「え？」

「生きるための治療をしたい。彼の体がそう訴えるなら、応えたいと思っています。先日の誤嚥はなんとか取り除けましたが、消耗も激しく、脳からの影響で呼吸器官機能はかなり低下しています。このままですと、すぐにまた先日のように呼吸困難になりかねません。けれど、この呼吸さえなんとか支えてやることができたら——他の器官はこんなに綺麗な体なのですから！——命を繋ぐことができます。1日でも2日でも長く」

……なんということでしょう。

すべての治療を取りやめ、人生のゴールに向かった結果、彼の体は健康へと向かっているのです。呼吸器さえ保ってくれたら、彼はまだまだ生きられるというのです。もはや人間の手ではどうすることもできない塊が、慎太郎の頭にずっと居座り続けている。それが息子の命を着実にカウントダウンしているけれど、もしそれをほんのわずかの間でも止めることができるなら、時間を稼ぐことができるなら……。

「腹を括ってここまで来たんです。本人と家族で充分すぎるほど苦しんで、やっと決めたんです。だからもう、私たちに覚悟はできています。けれど先生がおっしゃるように、1日でも2日でも、長くこの世に留まることができるなら、そうしてやりたい。その延びた1日のうちに慎太郎が体験することは、きっと一生分の価値があるでしょうから」

「お願いします」

私の隣で、真之がドクターにきっちりと頭を下げました。

「分かりました」

ドクターはそう言うと、私たちと一緒に慎太郎の部屋に入りました。ベッドサイドに腰掛けて、眠っている弟の頭を撫でていた真子が立ち上がります。ドクターは真子にも一礼し、私たちに向き直りました。

「ちょっと、いいでしょうか」

ドクターは手にしていた鞄をテーブルに置くと、中から真っ黄色のタオルを取り出しました。

「あ」

思わず指さしてしまいました。阪神タイガースの応援タオルです。黄色地にがっつり黒のタテジマ柄が入り、お馴染みの虎の絵がデカデカと描かれている、あれです。

ドクターはタオルを首にかけると、慎太郎のベッドサイドに立ち、両手を背中に回して後ろ手に組みました。

「……?」

何をするのだろう、と疑問に思った瞬間、いきなり両腕をピンと横に広げ、大音量で叫んだのです。

「フレ―――ッ!! フレ―――ッ!! ヨ、コ、タ!!」

びっくりしすぎて腰が抜けるかと思いました。まるで甲子園のスタンドにいる応援団のように、ドクターは両手を大きく広げては閉じ、広げては閉じて音頭を取っています。

「フレッ!! フレッ!! ヨ、コ、タ!! フレッ!! フレッ!! ヨ、コ、ター―――!!」

「えっと、せんせ……」

「ガンバレ―――!! ガンバレ―――!! ヨ、コ、タ!!」

「あの」

「ガンバレ!! ガンバレ!! ヨ、コ、タ!! ガンバレ!! ガンバレ!! ヨ、コ、ター!!」

ホスピス中に響き渡るような大声でした。

入口に立って呆気に取られてその様子を見ていた真子が一言、

「凄い」

と呟き、周辺のお部屋の方々が何事かとロビーに出てくる気配も感じました。ドクターはさらに熱が入り、もう一度掛け声を繰り返しました。

「フレ――ッ!! フレ――ッ!! ヨ、コ、タ!! フレッ!! フレッ!! ヨ、コ、タ!! フレッ!! フレッ!! ヨ、コ、タ――!! ガンバレ――!! ガンバレ――!! ヨ、コ、タ!! ガンバレ!! ガンバレ!! ヨ、コ、タ!! ガンバレ!! ガンバレ!! ヨ、コ、ター!!」

慎太郎は一切その声には動じず、いびきをかいて眠っていました。

ドクターの額に汗がにじみました。それでもなお、小柄な体で顔を真っ赤にし、両手を振り回して大声で声援を送り続けています。気づくと、真之が泣いていました。真子はただ、ポカンと口を開けてドクターの姿を見ています。慎太郎は寝ています。私は、驚きと感激とこのカオス状態の戸惑いと、これだけの大声を出されてもまったく動じない慎太郎のアンバランスさがおかしくて、泣き笑いになっておりました。

ようやく終わったのか、ドクターがゆっくりと両手を下げ、息を深く吐きました。

「先生、本当にありがとうござ……」

私が深々とお辞儀する頃には、ドクターはさっさとタオルを鞄にしまい部屋から出て行ってしまいました。あっけないくらいの切り替えの早さです。

「なんだったんだろ……今の……」

真子がドクターの背中を見送りながら首をかしげました。

「よう分からんが、凄いなぁ。良かったなあ、慎太郎。先生はお前に生きろって、言ってくれとるんだなぁ」

真之はおいおいと泣いておりました。あの全力応援はそういうメッセージだったのか、と今さらながら思いましたが、なぜか泣けるより笑えて仕方がありませんでした。

慎太郎は相変わらず眠り続けていましたが、きっとドクターの声はどこかで届いていたのでしょう。翌日、鼻から呼吸器官にかけて細い管を通す治療が行われたのですが、途中でむせたり引っかかったりすることなく、スーッとスムーズに奥まで管が通り、その管のおかげでいくらか呼吸が楽になったようでした。

しかし管が入っているために言葉を発しようとすると咳き込んでしまい、面会もやむなく中断しました。慎太郎は誰か人が来るとたくさん話をしようとするので、余計に咳き込みが激しくなってしまうのです。容態が安定するまで、ふたたび家族4人での生活となりました。


6月9日。

慎太郎の28回目の誕生日がやってきました。

呼吸は安定し、容態はひとまず落ち着いてはいたものの、かろうじて見えていた左目もついに見えなくなり、最近は起きている時間より眠っている時間のほうが長くなっていました。その日は、真子は東京に戻っていましたので、真之と3人で静かにお祝いをしました。

慎太郎、誕生日おめでとう。

昨年の誕生日は、大阪でイベントをやったね。ファンミーティングに遠藤さんが来てくれて、『奇跡のバックホーム』の文庫版発売のお知らせをしたね。

一昨年の誕生日は、鹿児島でお祝いしたっけ。

鳴尾浜球場のスタンドで、ファンの皆さんが集まってバースデーソングを歌ってくれた誕生日もあったよね。

慎太郎、28歳だね。

よく、ここまで歩いてきたね。


私たちが語りかける言葉を、息子はなんにも言わず、目を閉じて聞いていました。目が見えないだけで、言葉を発せないだけで、意識はちゃんとある。だから、私たちはわざと、どんな会話も大きな声で話しました。

慎太郎は、いつも私たちに何かを話しかけよう、伝えようとしていました。一番伝えようとしていたのは、お礼です。病院でも、看護師さんに必ず「ありがとうございます」というのを忘れなかったので、きっとホームのスタッフの方に世話をしていただいた時にもそれを伝えたいと思っているだろうなと思いました。

「慎太郎、合図を決めようか。〝分かった〟の合図は瞬き1回。〝ありがとう〟の合図は、瞬き2回。それでいい?」

すると、慎太郎は瞬きを1回、はっきりとしてみせました。

それから、私たちにもスタッフの方にも、何かをしてもらうたびに瞬きを2回、必ずするようになりました。どれほど昏睡に近い状態でも、それだけは決して忘れないのでした。

7月に入りました。

「そろそろ、甲子園の予選が始まるね……」

じりじりと窓から差し込む陽の光が強くなってきて、部屋の中にいても夏を感じます。慎太郎はこの数週間、とても安定した状態で、起きている時は私たちの会話に耳を澄ましているようでした。私がスタッフさんと話す介護の内容なども最初は聞こえないようにヒソヒソ声で話していたのですが、慎太郎は「聞こえてるよ」という風に目を開いてみせるので、もうすべてを聞かせることにしました。でないと、きっとまた死ぬんじゃないか、と不安になってしまうからです。

部屋には絶えずゆずの音楽が流れていました。同じライブのDVDを回し続けているので、歌詞をみんな覚えてしまいました。それでも慎太郎が飽きずにじっと耳を傾けているのが分かりますので、決して途切れさせず、再生し続けていました。

真之が買い物に出かけたので、私は慎太郎の傍らに座り、スマホで甲子園予選鹿児島大会の情報を開きます。

「次の鹿実、準々決勝で樟南と対戦だって……。勝ってほしいねぇ」

昨年の夏、鹿児島実業高校は甲子園出場を果たしていました。言うまでもなく、球児たちにとっては出場までが大きな山場。出場してしまうと、もうそこからは死闘という名のお祭りになります。勝っても負けても、甲子園に出場したという記録と記憶は心に刻み込まれ一生を左右する。大げさでなく、日本の高校球児にとってはそれほど大きなことなのです。今年も母校に出場してほしい。それは球児の母親全員の願いだろうな。

「慎太郎は本当に凄いよね。大会では行けなかったけど、プロとして聖地で野球する夢を実現してみせたんだから。本当に、凄い。自慢の息子だ」

肩を優しくさすりながらそう話しますと、慎太郎は1回瞬きをしました。部屋の隅で荷物を整えていた真子がベッドサイドに来ました。

「じゃあ慎太郎、お姉ちゃん、東京戻るね。また週末来るから」

そう言って髪の毛をグシャグシャにかき回すと、慎太郎は見えない目でじろりと真子を睨みました。

「髪いじるのやめろって」

と言っているようでした。真子は笑って手を放すと、部屋を出ていきました。

部屋で二人きりになり、しんと静かになりました。ゆずの歌声だけがそよ風のように流れています。

誰にも見せない泪《なみだ》があった
人知れず流した泪があった
決して平らな道ではなかった
けれど確かに歩んで来た道だ

良い、人生かもしれない。

ふとそんな考えが頭をよぎりました。それは慎太郎の人生ではなく、私自身のです。真之と出会って、結婚して真子と慎太郎を授かり、慎太郎によって大きく人生の荒波を経験した。けれどいつだって家族はしっかりと手を繫いでいる。決して平らな道ではなかったけれど、こうして家族で確かに歩んできた道なのだ。

「優勝、してほしいな」

ふいに慎太郎の声がしました。

「え?」

聞き間違いかと思いました。その頃になると、もうほとんど言葉を発することはなくなっていたので、息子が話したとは一瞬思えなかったのです。

「今年、阪神、優勝してほしいな。優勝、見たいな」

慎太郎はもう一度、そう言いました。

「うん、そうだね。優勝、見たいね……!」

私は答えました。

「今年、優勝できたらいいね。また応援に行こうね」

耳元でそう言うと、慎太郎は瞬きをしっかり1回、してみせました。

その日の、真夜中のことでした。

「お母さん」

ソファで眠っていた私の耳に、慎太郎の声が聞こえた気がしました。

「お母さん、苦しい」

はっきりと耳元で聞こえました。ハッと目覚め、慌ててベッドに駆け寄りました。

慎太郎の呼吸が乱れています。額にびっしょりと汗をかき、瞳は虚ろに開いて苦しげに空を見つめています。

「あなた……あなた！」

「慎太郎！」

真之もベッドに駆け寄り、私は夢中でナースコールを押しました。すぐに夜勤の看護師さんが飛び込んできました。

「先生を呼んでください！」

しかし、ドクターはホスピスに常駐はしていません。いるのは二人の看護師さんと私たちだけ。血中酸素濃度がふたたび下がり始めました。またあの時のように60の数値に向かっていきます。看護師さんは慎太郎の体を蘇生させるべくマッサージを始めました。しかし数値は上がりません。

「ダメ……ダメ、慎太郎！」

「呼吸しろ、息を吐いて、吸って！」

真之はあの時やったのと同じに、慎太郎の肩を掴み、息をしてみせました。息子は虚ろな目のまま父を見ようとします。が、もうその目には何も映ってはいません。

「呼吸しろ、呼吸しろ!!」

真之はなおも呼び続けました。数値が60を切り始めました。なおも下がっていきます。

「息をして、吐いて、吸って！　ふう、スー！　ふう、スー！　慎太郎、できるだろう！　頑張れ！　頑張れ！　ふう、スー！　ふう、スー！」

父の声に応えたいと思ったのか、慎太郎は両目を大きく開きました。ふう、ふう、と呼吸しようともがいています。

「そうだ、いいぞ、いいぞ！　ふう、スー！　ふう、スー！」

次の瞬間、全力で呼吸を続けていた真之が突然、はあ、はあ、と呼吸を荒くし、がくん、と尻もちをつきました。体が小刻みに震えています。明らかに酸欠です。

「横田さん！」

看護師さんは驚いて真之に駆け寄り
「酸素ボンベを取ってきます！」

と、部屋を飛び出しました。その間も慎太郎は一人で必死で呼吸を続けています。数値はどんどん下がっていきます。私は慎太郎の体に飛びつき、看護師さんがやっていたように必死でマッサージしました。

「慎太郎、頑張れ！　吐いて、吸って、吐いて、吸って！　あなた、しっかり！　もう、どっちが息子なんですか！」

慎太郎をマッサージしながらぐったりした真之を叱咤《しった》し、もう涙なのか汗なのか分からない水分を散らせながら、私はただ必死で祈っておりました。

逝かないで、逝かないで！

少しでも長くこの世にとどまって、どうかまたあの笑顔を見せて。

慎太郎！

「お母さん」

耳元で慎太郎の声がしました。喉から発したのではありません。はっきりと、クリアに脳に響く声でした。

その瞬間、血中酸素濃度の数値が跳ね上がりました。

「!?」

私は全身全霊の力を込めてマッサージを続けました。

「慎太郎、戻っておいで、戻っておいで！」

数値がみるみるうちに上がっていきます。60、70、80……。

「慎太郎！」

ついに90を超えました。

「奇跡……」

部屋に戻ってきた看護師さんが呟きました。次第に慎太郎の呼吸が安定していきました。虚ろだった目は、光が入ったように力を取り戻しました。

「慎太郎くん、戻ってきましたね」

看護師さんの笑顔に、私は思わず、わっと泣き崩れてしまいました。

ありがとう、慎太郎。

まだ逝かないでいてくれてありがとう。

お母さんのために残ってくれてありがとう。

「よく頑張ったね」

慎太郎は私たちに瞬きを2回、してみせました。


東京に戻った真子は、すぐに神戸に飛んで引き返してきました。彼女が急いで部屋に入ってきた時には、私も真之もぐったりと椅子にもたれかかっており、その光景に危機感を覚えた彼女は、

「このままだと二人とも倒れちゃうから、これからは3人で交代で寝よう」

と、私に眠るように促してくれました。しかし、眠れないのです。ソファにもたれて目を閉じても、頭は冴えわたり、胸の内にはざわざわと漣《さざなみ》がたち続けています。

その日の夜も、やはり慎太郎は昨夜と同じように危篤状態に陥りました。

今度は真子も一緒ですから、私たちは3人で大声で慎太郎を呼び続けました。血中酸素濃度は下がり続け、40、ついに30を指しました。看護師さんはその数値を見るとマッサージの手を止め、そっとベッドから離れました。

「私は席を外します。ご家族だけで、最後の時間を過ごしてください」

喉の奥に冷たい金属が流れ込むような苦しさが襲いました。

「慎太郎！」

真子が泣きながらベッドにかじりつきます。

「慎太郎、いかん、いかん！」

真之も諦めずにマッサージを続けます。ああ、本当に逝くのか。これが最後なのか。

「慎太郎、ありがとう！」

私は息子の顔を見つめ、はっきりと大きな声で言いました。

「あなたが生まれてきてくれて、お母さんは幸せだった。ずっとずっと凄く楽しかった、楽しい夢、楽しい時間、たくさん一緒に過ごさせてもらった。慎太郎は凄い息子だ、自慢の息子だ！　生まれてきてくれてありがとう！」

「お母さん……」

「ほら、真子も言いなさい！　今しかないんだよ！」

「大好きだよ慎太郎、あんたは偉いよ。めちゃくちゃかっこいいよ！」

「慎太郎、俺の夢を叶えてくれてありがとうな！　甲子園に連れて行ってくれてありがとう！お前は強い男だ！　最高だ！　お父さんは慎太郎の父親で本当に良かった……！」

涙でぐちゃぐちゃになりながらも口々にありったけの言葉を浴びせ続けました。そうしながらもマッサージの手は止めませんでした。慎太郎より先にこちらが諦めることだけはしたくなかった。私たちは最後の一瞬まで、全力を尽くして慎太郎を守ると心に固く決めていました。ほんのわずかな希望だとしても、まだ光が見え続ける限りは……！

フッと慎太郎の息が強くなり、ふたたび数値が上がり始めました。

「お父さん、お母さん！」

数値の上昇を見て真子が叫び、私たちはまた必死で呼びながらマッサージを続けました。少しずつ数値は上がっていきます。

「慎太郎ー！」

真子は慎太郎の頭を抱きかかえるようにして呼んでいます。ちょっとずつ、ちょっとずつ、呼吸を戻して、息子は今度も踏みとどまってくれました。

そんな夜が、それから3日続きました。

昼間は安定していても夜になるとまた数値が落ち始め、マッサージして呼びかけて、息を吹き返して……。その繰り返しです。夜中に全神経と体力を消耗し、朝になると3人とも、ぐったりして口がきけなくなっていました。

「なんかもう、あれだね……慎太郎さ……、私たちの言葉は聞き飽きてるよね……」

真子が力なく笑いました。毎晩数値が40を切るたびに、もう終わりかと、贈る言葉を叫び続けていたのです。

「聞き飽きるってことはないだろ」

真之が心外そうに言いました。

「いや、飽きる。お父さんとか毎回言うこと同じだから」

「同じでええやないか」

「たぶん慎太郎、その台詞はもういいから、ってなってるよ」

「ならんだろ」

「いや、なるね」

「どっちでもいいよ……」とツッコむ慎太郎の声が聞こえてきそうでした。

ろくに食事も喉を通らず、昼間もろくに眠れず、夜は死闘を繰り返す。もう今日が何日で何曜日なのか、時間の感覚すら遠のいていくようでした。

その日の夕方、遠藤さんが慎太郎に会いに来てくださいました。

遠藤さんは、部屋に入ってくる時から泣いていました。ベッドの傍に座り、じっと慎太郎の顔を眺め、手を取り、ぎゅっと握りました。

「ヨコ、ありがとうな」

言った瞬間、また涙が頬をつたいました。

いつも軽快なトークを繰り広げていた慎太郎と遠藤さんは、今はとても無口に、繋いだ手から互いの気持ちをキャッチボールしているようでした。

「俺の記者人生に、光をくれたんがヨコなんですわ」

以前、鹿児島に来られた時、遠藤さんはそう言いました。私は二人の姿をぼんやりと眺めながら、その時の話を思い返していました。

「もともとはスポーツライターといっても、俺は逆境を乗り越えてスポーツで活躍するような人を取材して書きたかった。そういう記事に触発されてこの仕事についたんです。けど、実際はちょっと違っててね。スポーツ紙で一番大事なんはゲームやし、スター選手やし。ファーム落ちして、もがいてる選手に光は当たらんのが普通。けどねえ、ヨコはそれを見事に覆してみせた。野球にゲーム以上のドラマがあることを見せてくれた。人生そのものを反映してみせた。ほんまに、あいつのことを記事にするたびに、俺自身が励まされてね。この仕事やってよかったなって心から思えて……せやから、ヨコは恩人なんです」


ヨコ、ありがとうな。


7月18日。午前5時。

真っ暗な空が白々と明るくなっていきます。夜が明け始めました。

慎太郎の血中酸素濃度は30まで下がり、私たちはふたたびマッサージを交代で行っていました。もう息子を呼ぶ声も掠《かす》れ、手にも力が入りません。けれど、諦めずに交代交代に慎太郎の体をさすり続けました。

窓から朝の白い光がうすぼんやりと射しこんできました。

あ。

慎太郎の体から、スーッと力が抜けていくのを感じました。体温が下がっていくのが手を通して伝わってきます。体が冷たく、硬くなっていく。

「慎太郎！」

私は無我夢中で慎太郎の体を抱きしめました。私の体温をあげたい、冷えていく体に温かさを戻してあげたい。

けれど慎太郎はゆっくりと目を閉じていきます。

「慎太郎が逝っちゃう、本当に逝っちゃうー……！」

部屋がだんだん白く、明るくなってきました。真之も真子も何も言えず、ただ涙を流しています。私は息子の体をしっかりと抱いたまま叫びました。

「何か言って、みんな何か言って！　まだ耳は聞こえてるんだよ！」

「ああああ……!!」

真子も真之も必死で慎太郎に言葉をかけました。が、言葉が言葉になりません。ただただ、泣きながら、ありったけの声で慎太郎を呼びました。息子の体から魂が抜けていこうとしているのが、両腕を通してはっきりと分かりました。いま、本当に、逝くんだ。

ありがとう。

この広い世界で、私たちのところに来てくれて、ありがとう。

朝陽の中、今にも飛び立とうとしている息子の魂を抱きしめながら渾身の力を込めて、全身全霊で叫びました。

「慎太郎、あんたの人生は、奇跡だったよ‼」

エピローグ　ホームランボール

その日。

阪神甲子園球場にふたたび、背番号24番のユニフォームを着たファンの皆さんが集いました。阪神タイガース対読売ジャイアンツ。超満員のスタンドは、長かった新型コロナウイルスによるパンデミックの収束を告げているようでした。

17時45分。オーロラビジョンいっぱいに映し出されたのは、あの〝奇跡のバックホーム〟の瞬間と、慎太郎の笑顔。


「あなたの魂は、私たちの心の中で生き続けます。」


2023年7月18日午前5時42分。

横田慎太郎は享年28で永眠いたしました。

その後、私たちは1時間も経たないうちに、バタバタと荷造りを始めておりました。実はホスピスとの契約で、本人が他界するとすぐに退去しなければならなかったのです。

「慎太郎、ごめん！　ちょっと待ってて！」

眠る慎太郎の隣で私たちは荷造りと葬儀社への連絡、親族や関係者への連絡、ホスピスでの手続きを同時進行で行っており、泣いている暇もなければ食べている暇もありません。

「ここから鹿児島帰るまでノンストップだからね。今のうちに、はい、これ食べて」

真之と真子にパンを渡し、自分もかじりながら、慎太郎に「ごめん、ごめん！」と言いつつ、バタバタと彼の横を行ったり来たりしていました。きっと息子は「みんな、うるさいな……」と思っていたことでしょう。

なんとか鹿児島に帰りつき、慎太郎が住んでいた場所にほど近い斎場で7月22日、葬儀を行いました。

鹿児島の田舎町での葬儀ですから、弔問客も少ないだろうと思っていましたが、その予想に反し、通夜と葬儀合わせて2000人を超える方がご参列くださいました。阪神球団には、あらためて関西でお別れの会をする旨をお話ししていたにもかかわらず、わざわざ鹿児島までお越しくださった球団の皆様が大勢いらっしゃいました（この2日間、関西や東京方面から鹿児島行きの飛行機はほぼ満席だったそうです）。

数えきれないほどの供花も届きました。球場を象《かたど》った献花、愛用の野球道具、ユニフォームが思い出深く並べられました。中学時代の同級生のお母さんが駆けつけてくださり
「慎太郎くんが中学の時にうちに忘れていった制服、いま返しにきました！」

と、息子の皺くちゃな制服のシャツを渡された時には思わず泣き笑いをしてしまいましたが、大切に飾らせていただきました。

真子が、供花や飾り物の一切、お香典返しや弔問客の受付、葬儀社との連携の一切を取り仕切ってくれました。私はいらっしゃるお一人お一人にご挨拶をしていたら、疲れからか胃痙攣を起こし、別室で休んだりもしました。

弔問客の中には、小学校の同級生の娘さんとお母様もいらっしゃいました。

「娘が小学校6年間、休まずに通えたのは慎太郎くんのおかげなんです」

お母様はそう切り出しました。

「娘には知的障害がありまして、小学校低学年の頃から周りの子の勉強や遊びについていけなくて、特別支援学校に転校することを考えていたんです。でも、慎太郎くんが娘に毎朝、毎日、声をかけてくれて。おはよう！　とか、元気か？　とか。こっちで一緒に遊ぼう、とか。娘はそれが嬉しくて、ついに6年間、通うことができたんです」

「慎太郎がそんなことを……」

「慎太郎くんが野球選手になってからも娘は応援していて、ご病気された後も、やり取りをしてくれたそうで、ご自分のことも大変なのに娘にビデオメッセージ送ってくれたりして。慎太郎くんは、私たちの元気の素でした。いつかお礼を、と思っていたのに……」

初めて耳にするお話でした。その娘さんの道しるべに慎太郎が確実になっていたとすると、息子はもう子どもの頃から、引退後にやっていたようなことを無意識にやっていたのです。

かっこいい男だ、慎太郎。お母さんは誇らしい。


大阪でもこちらでも、常に慎太郎の棺に寄り添ってくださった川藤さんは、

「慎よ、いずれまた会おうな」

という言葉で弔辞を締めてくださいました。

「慎太郎、我が息子、本当にありがとう」

真之は最後の最後まで泣いておりました。

斎場の外には、大勢のファンの皆さんも集まってくださっていました。出棺の際には『六甲おろし』を演奏し、慎太郎を忘れない、と棺に向かって呼びかけてくださいました。

長く、孤独な、ひっそりとした闘病生活の果て。この大勢の方々に見送られた葬儀は、私にはまるで、戦った後のお祭りのように感じました。

慎太郎の旅立ちには合掌よりも、拍手がふさわしい。そんな気がします。

ですから、球団の方からの、

「甲子園で追悼試合をします！　ぜひご家族でいらしてください」

というお誘いにすぐに乗ったのです。「行きます！」と。

18時のプレイボールの前に黙禱《もくとう》が捧げられました。

球団の皆さんと、そして4万人を超える観客の皆さんが、慎太郎のために頭を垂れてくださ

いました。

「黙禱」

しんと静まり返ったスタジアムに風の音だけが響いています。


慎太郎、これが本物の甲子園の風だね。

慎太郎、今この瞬間、甲子園はあなただけのものだよ。

慎太郎、今、どこにいる？


「プレイボール！」

試合は阪神が先制、しかし4回で同点、5回で逆転されるという好ゲーム。打球が飛ぶたびに割れんばかりの歓声に包まれ、スタンドは沸きに沸いていました。

最初、私たち3人は慎太郎の遺影を胸に、神妙に試合を見ていましたが、ゲームが白熱していくにつれ、次第にウズウズとしてきました。

そして6回。タイガースの攻撃は上位打線から。熱いドラマの予感がします。

慎太郎、これはおとなしく見ている場合じゃないかもしれないね。そもそも甲子園は正座して眺める場所じゃない。選手と一緒に燃える場所だもんね。すると、真子が示し合わせたように時計を見ました。

「あ。そろそろ20時だね。慎太郎は寝る時間だ」

「そうだった、そうだった。20時には寝て5時に起きるのが慎太郎スタイル」

私は合点して、慎太郎の遺影を丁寧にハンカチで包み、鞄にそっとしまいました。

「よし、じゃあ」

「飲みますか！」

私と真子は勢いよく手を挙げて、売り子さんを呼び止めました。夏の空の下、冷たく冷えたビールは私に生きていることを実感させてくれました。

ワンアウトから森下翔太選手が出塁すると、次は四番の大山悠輔選手です。

「かっとばせー、大山！」

応援団の声援に合わせて私たちも大声を張り上げます。次の瞬間、大山選手の打球が歓声を切り裂き、左翼席へとまっすぐに飛びました。

「入れ！」

ボールはスタンドに吸い込まれ、割れるような歓声が甲子園を包みました。

「逆転2ラン!!　逆転！」

私も真之も真子も飛び上がって喜びました。塁を回り、戻ってきた大山選手がヘルメットを天に掲げました。

大山さん、ナイスバッティング！

今にも慎太郎の声が聞こえてくるようで、ハイタッチを交わす選手たちの中に混じって笑っているような気がして、私は嬉しくなりました。本当に、慎太郎はグラウンドにいるのかもしれない。鳴尾浜の頃のように、ベンチで大声を出しているかもしれないと。

結果、2対4で阪神が勝利となりました。24で数字を揃えてくるのは、慎太郎のいたずらかもしれません。

試合が終わった後も、スタンドからは大勢のファンの皆さんの応援歌が響いていました。『六甲おろし』と共に演奏されたのは、慎太郎のためのヒッティングマーチ。

熱き闘志と勇気をバットに
今こそ羽ばたけ　それ行け横田
かっとばせ横田！

甲子園の夜空に向かって、ファンの皆さんの想いが吸い込まれていきました。


追悼試合の翌日、私たちは虎風荘へ招かれました。

3人とも、実際に寮へ入るのは初めてで、本部の方にご案内いただきながら息子の足跡を辿りました。廊下、ロビー、部屋。入団当初、慎太郎がしょっちゅう寮での出来事を報告してきたことを一つ一つ思い返しながら。

ちょうどお昼時でしたので、食堂で昼食をいただきました。慎太郎が大好きだった食堂です。明るい陽射しが差し込むテーブルで、牛丼とうどんをいただきました。牛丼は、本当に美味しかった。

「慎太郎は、寮の牛丼が美味しいって、大好きでした。寮のご飯はどれもご馳走って」

そうお伝えすると、シェフは涙ぐみました。

何もかもが穏やかで、すべてが夢のようで、ここに慎太郎がいないことが嘘のようでした。

今にも廊下の向こうから慎太郎がやってきて
「なんでいるの!?」

と頓狂な声を上げるような気がしました。

昨日の大山選手に引き続き、その日は鳴尾浜球場で行われていたウエスタン・リーグで、高山選手がホームランを放ちました。現役時代、慎太郎とも仲が良く、ホスピスにもお見舞いに来てくれました。

「ヨコに、ホームランボール」

そう言って高山選手が手渡してくださったボールを、真之は大事そうに握っていました。昨日の大山選手のホームランボール。そして今日の高山選手からのホームランボール。

2つのボールをいただいて、私たちは帰途につきました。

空港までの道のり、私たち家族はずっと笑いながらおしゃべりしていました。

そうです、笑っておりました。

空は真っ青に晴れ渡り、夏の雲が真っ白に輝いていました。

グラウンドの土を勲章のようにくっつけて、真之の手の中で転がるホームランボールは、ユニフォームを泥だらけにしてガッツポーズをする慎太郎に少し似ていました。

2023年9月14日。

阪神タイガースは見事、甲子園でリーグ優勝を果たしました。

ドラフト同期の岩崎優選手が、9回表での登板の際、登場曲をゆずの『栄光の架橋』に変えて、甲子園にあの旋律を響かせてくださいました。

スタンドから沸き起こったファンの皆さんの大合唱。

何度も何度も
あきらめかけた夢の途中

「阪神の優勝、見たいな」

そう言った慎太郎の想いを、チームの皆さん、そしてファンの皆さんが温かく抱きしめてくださいました。

優勝決定後には岩崎選手と共に、慎太郎の24番のユニフォームを胴上げしてくださいました。

私には、ユニフォームを着た笑顔の慎太郎が、両手を大きく広げて宙を舞っているように見えました。

いくつもの時を越えて。

慎太郎も私も、ようやく、この日に辿り着きました。


ずいぶん長いこと、お話をしてしまいましたね。

ここまで一緒に慎太郎の思い出を拾ってくださり、本当にありがとうございます。

28歳での旅立ちは早すぎたと、多くの方がおっしゃいました。もっと長生きしていたらきっとあんなこともできた、こんなこともできたろうにと。息子に先立たれた私たち夫婦への、心優しいお言葉だとありがたく受け止めております。

しかしながら、私は思うのです。人生の価値は時間の長さではないと。

慎太郎は、自分の人生をしっかりと存分にまっとうしました。最後の最後まで前を向いて、諦めず、闘った。一片の後悔も悔いも残さなかったはずです。

だからどうか、早すぎたなんて言わないで。良くやったと、拍手してやってほしいのです。大歓声で、楽しく送り出して。

そして、忘れないでいてやってほしい。

子どもを早くに失った親はみんなそうなのでしょうか？　どこまでも自分の責任であるという考えからは逃れられないのです。我が子の早すぎた死に対して、罪悪感を覚えてしまう。けれど、決してそうではないと、慎太郎は教えてくれました。

「時間を無駄にしたくないんだよね」

口癖のように言いながら彼の生きた時間の濃さを思えば、彼の28年間はあまりにも濃厚でした。文字通り、全力疾走で駆け抜けたのですから。

今でも彼を愛してくださる皆様にはどうか、失った時間より得た時間を見ていただきたいのです。今、彼がここにいないことよりも、彼が遺したものが今まだここにあることを、存在を感じてほしい。そう願っています。


本当に長くなってしまいました。

これ以上喋ると、また慎太郎から
「お母さん、長いから。もういいから」

と、小言を言われてしまいますので、この辺で筆をおきます。ぜひ、鹿児島においでの際には、慎太郎の大好きな桜島を眺めていただき、息子を思い出していただけたらとても嬉しい。

それでは、またいつかお会いできる日まで。

ごめんください。


「迷い悩んだ時や、うまくいかない時には、ぜひ一人の時間を作ってみてください。

自分と向き合い、何が足りないのか考え、克服するために今より少しだけ頑張る。

それを続ければ、今が苦しくても、絶対に幸せな日が訪れます」

――横田慎太郎

あとがき

「横田さん！　調子はいかがですか。鹿児島実業高校、甲子園出場、決まりましたね！」

「お久しぶりです。毎日元気しております！　鹿児島実業甲子園やりましたね!!　是非甲子園でも暴れてもらいたいです！」


2022年7月24日。横田慎太郎さんと交わしたメールが残っている。

この頃、拙著『20歳のソウル』(幻冬舎文庫)でお世話になった千葉県・市立船橋高等学校野球部が甲子園出場を決めたことで、私の周囲はお祭り騒ぎとなっていた。私自身も小説の舞台である吹奏楽部が演奏する応援曲『市船ｓｏｕｌ』をついに甲子園で聴ける！　と浮かれていた。そんな日に知った鹿実の甲子園出場。浮かれた気持ちのままに慎太郎さんへメールを出した。

毎日元気しております！

その言葉を受け取って心から安心していた。今度はいつお会いできるかな、と勝手に計画を立てたりしていた。この頃、彼がすでに3度目の闘病に向かっていたと知ったのは、慎太郎さんが亡くなった後のことだ。

2023年5月、慎太郎さんの危篤の知らせを受け取り、神戸のホスピスを訪れた時、彼と言葉を交わすことは叶わなかった。ただ眠っている慎太郎さんの肩に触れると、得も言われぬ安心感が体に伝わってくるのを感じた。壮絶な病との闘いの痕など微塵も見せない、穏やかな存在感だった。不思議だった。今にもこの世から旅立とうとしている人に触れて、どうしてこうも癒されるのか。

その謎は、母・横田まなみさんの取材を通して明らかになっていった。

阪神タイガースに所属するプロ野球選手であったという慎太郎さんの姿は、彼の一面に過ぎず、その人生で遺した栄光はプレーではなく、彼の生き方そのものにあることを深く知った。そしてその栄光を支えたのは、まなみさんだったことも。

「中学生くらいの頃からでしょうか。慎太郎のことを自分の息子ではなく、どこかからお預かりした子、という感覚が強くなってきて、今もその感覚のままなんです」

このまなみさんの言葉の意味を何度も噛みしめながら、本を書き進めた。

彼が野球を通し、28年という生涯を通して、どれほどの人に勇気と希望と感動を与えてきたのかは計り知れない。私には、慎太郎さんという存在は光そのものであり、人智を超えた天使とか菩薩《ぼさつ》とかメシアとかいった言葉に表されるような、多くの人に影響を与えるために、ほんの一時、この地上に降りてきた存在であるという認識が強い。そんなプロ野球選手としてだけではない、横田慎太郎という人間そのものを丸ごと表現したいと願って書いた本だ。読者の皆様に、少しでもこの想いが届いたなら幸いである。

もう一つだけ。大切なことをお話ししたい。

慎太郎さんとの出会いを導いてくれたのは、『20歳のソウル』の主人公、浅野大義くんであることも私は確信している。慎太郎さんと同じ病に冒され、20歳でこの世を去った大義くんは1996年生まれ。慎太郎さんと同学年である。

大義くんとは、彼が亡くなってから出会った。強い力に導かれるように1年半取材し、彼の生きた証を書き上げたのが前述の『20歳のソウル』である。2022年には秋山純監督の手で映画化された。

「命は神様からのおくりもの」

そんな言葉を私たちに残し、美しい音楽を遺して天へ帰っていった大義くん。その映画の撮影が一段落した頃、秋山監督から私は一冊の本を手渡された。

『奇跡のバックホーム』

地元が神戸なので阪神タイガースのことはよく知っているが、野球ファンではない私は慎太郎さんのことをこの時初めて知った。慎太郎さんの物語を映画にしたい、という企画だった。

しかし正直に言えば、慎太郎さんの人生ときちんと向き合う自信がなかった。野球のことはよく知らない上に、選手としての活躍もろくに知らない私。彼の苦しかったであろう闘病生活について、きちんと描くことができるのか？　躊躇する私に、大義くんは空から笑ってメッセージを送ってくれた。

「大丈夫、書けるよ！」

初めて慎太郎さんとリモートでお会いした時には、そのあまりに実直なお人柄に驚いた。そのまっすぐさは礼儀正しい、を超えていた。きっちりとした受け答えの合間に見え隠れする天然ボケ。そのギャップに一発で惚《ほ》れてしまい、取材が楽しくて仕方がなくなった。２０２２年の4月には鹿児島まで出向き、実際の慎太郎さんとまなみさんにお会いして2時間ほどお茶の時間を設けていただいた。お二人の親子の漫才のようなやり取りに終始笑いながら、慎太郎さんのように、明るく周りを照らせるような映画を作りたいと誓った。

慎太郎さんが本当の光となった今、大義くんの光と同じような存在感を私は感じている。体はなくなって目には見えないし触れることはできないが、彼の息吹は残された人々の心の中で温かく灯り続けている。

とても上品な佇まいで、どんな時も感情を乱すことなく、息子さんのことをとても丁寧にお話ししてくださるまなみさん。彼女と語り合う時間は、多くを気づかされる貴重な時間だった。母親の強さも脆さも、想いの大きさも。今でも、お話ししていて心が震える時が何度もある。この本で毎日頑張っている世の中の〝お母さん〟が励まされ、癒されることを願う。

最後に。私に愛をもって接してくださり、本を書かせてくださったまなみさん、真之さん、真子さんに心よりお礼を申し上げます。

また、この本に登場する関係者の皆様、取材に快く応じてくださった皆様、慎太郎さんとの出会いをくださった秋山純監督に、心からの感謝を申し上げます。

そして慎太郎さん、ありがとうございます。

慎太郎さんが生涯を通して伝えたかったメッセージを皆様にお届けする一端をわずかでも担えたのなら嬉しいです。何度も「僕はマザコンじゃないです」と繰り返していましたが（笑）、二人三脚で運命を乗り越えたお二人の姿を描くことができて幸せです。

私も、まなみさんが願う通りに、笑顔でこの本を閉じたいと思います。

永遠の24番、横田慎太郎さんの人生に、拍手喝采を!!

中井由梨子

母より

最後まで、この『栄光のバックホーム』を読んでくださった皆様に心から感謝申し上げます。

この本には、息子が目を閉じるまで、私たち家族の大きな絆で、病との闘いを一緒になって受け入れて、乗り越えてきたことが書かれています。涙は最後だけ。幸せや、笑いもいっぱいありました。空気の綺麗なところで寝食を共にし、4人で団結して過ごしてきました。

最近は、息子がこれまで歩んで来た道のりを辿りたくなり、息子が毎日続けていた早朝の散歩で歩いていた道を、同じように歩いています。

息子がよく、行き交う人たちとの何気ない挨拶にとても幸せを感じると話してくれました。その通りでした。「おはようございます」。この言葉がとても心温まる言葉に思えてきました。

息子がどうして毎朝、休むことなく散歩をしていたのか――。

何を思い、何を考えていたのか。

講演での言葉を考えていたのか。

それとも、今朝は手や足が動くかと確認しながら散歩していたのかもしれない――。

悩み苦しみながらも、慎太郎にとっては大切な時間だったのだろう。

そのようなことを考えながら歩いていると、まるで隣から息子の息遣いが聞こえてくるかのようです。

時には、ずいぶん弱気になってしまった母親に、これから先、何があっても前を向いて諦めずに強く頑張るんだよ!!　と教えてくれているようです。

ファンの皆様からのお手紙や写真、いっぱいのプレゼントは、息子が大切に、そして綺麗に部屋に並べて飾っていました。

今はお仏壇の隣にコーナーを作り、それを眺めて私たちまで幸せな気持ちになって暮らしています。

どれだけの大きなお力を、ファンの皆様からいただいたことでしょう。

おかげさまで、全力で諦めずに最後まで奇跡を起こしてくれました。

ファンの皆様には、本当に本当に感謝の気持ちでいっぱいです。

そして、
わが息子、慎太郎、ありがとう!!
釋光慎さんよ、最期まで頑張ったね、ありがとう!!

横田まなみ

ブックデザイン　萩原弦一郎（256）
写真提供　共同通信社　©阪神タイガース
DTP　美創
JASRAC 出 2307975-302

〈著者プロフィール〉

中井由梨子（なかい・ゆりこ）

1977年、兵庫県出身。劇作家・演出家・演技指導講師。1996年、神戸で旗揚げされたガールズ劇団TAKE IT EASY! に座付き作家として入団。2005年に活動拠点を関西から東京へと移す。2010年、劇団CAC中井組の座付き作家・演出家に就任し、2013年まで活動。2018年にmosaïque-Tokyo、2022年に東京モザイクを結成。著書に『20歳のソウル』（幻冬舎文庫）がある。同書を原作とした映画『20歳のソウル』の脚本・プロデュースも担当。「インスピレーションを形にする」株式会社インスピインカ代表。

栄光のバックホーム
横田慎太郎、永遠の背番号24

発行日　2023年11月10日　第1刷発行
　　　　2023年11月15日　第2刷発行

著　者　　中井由梨子
発行人　　見城 徹
編集人　　福島広司
編集者　　小林駿介

発行所　　株式会社 幻冬舎
〒151-0051 東京都渋谷区千駄ケ谷4-9-7
電話 03(5411)6211（編集）
03(5411)6222（営業）
公式HP：https://www.gentosha.co.jp/

印刷・製本所　株式会社 光邦

Printed in Japan
ISBN978-4-344-04209-4　C0093

この本に関するご意見・ご感想は、
下記アンケートフォームからお寄せください。
https://www.gentosha.co.jp/e/